Fest ins Budapester Sozialleben integriert: Thermalbäder wie das Széchenyi

Die Stadtviertel im Überblick

Als Perle oder gar Königin der Donau wird Budapest von seinen Bewunderern bezeichnet. Seine zauberhafte Lage beiderseits des viel besungenen, mächtigen Stroms, seine wechselvolle Geschichte, das reiche Kulturangebot vermischt mit einer kräftigen Portion Operettenromantik und einem guten Schuss Hungaricum – jenem exotischen Flair, das den Ungarn in Europa bis heute anhaftet –, lassen jeden Besuch in der ungarischen Hauptstadt zu einem Erlebnis werden.

Für die Ungarn selbst ist ihre Metropole Zentrum und Schaltzentrale des Landes schlechthin – sowohl in geistig-kultureller als auch in wissenschaftlicher und politischer Hinsicht. Seit der Wende 1989 entwickelte sich die verträumte Stadt mit ihren lebenslustigen Menschen von einer etwas verschlafenen, k. u. k. geprägten Metropole zu einer modernen, weltoffenen Millionenstadt. Ein enormer Bau- und Renovierungsboom setzte ein: Hauptattraktionen wie das mittelalterliche Burgviertel, die Flaniermeile Donaukorso, die Andrássy út – der Pester Broadway mit seiner einheitlichen Bebauung, wurden vom Staub der Tristesse aus kommunistischer Zeit befreit und gehören – auch dank ihres einzigartigen Charmes – inzwischen zum UNESCO-Weltkulturerbe.

Budapest lässt sich in vier wesentliche Stadtteile gliedern – zum einen die ursprünglich selbstständigen Siedlungen, die sich 1873 zusammenschlossen: das einst barocke **Óbuda** mit den Resten des Römerlagers Aquincum und das hügelige Handwerkerstädtchen **Buda** samt dem Burgberg. Auf der gegenüberliegenden Donauseite wuchs die Handelsniederlassung **Pest**, die heutige **Innenstadt**, Ende des 19. Jh. rasant über den Altstadtring und die Stadtmauer hinaus. Es entstand das **Pest der Gründerzeit** mit monumentalen Wohn- und Geschäftshäusern sowie prunkvollen Kulturbauten im Jugendstil und Eklektizismus.

SEITENBLICK

Bezirke und Straßennamen

Wer sich in Budapest nach einer Straße erkundigt, wird fast immer zurückgefragt: In welchem Bezirk? Dies hat u. a. formale Gründe: Populäre Straßennamen kommen schlichtweg mehrfach vor. Daher wird in diesem Reiseführer zur besseren Orientierung bei jeder Adresse auch der entsprechende Bezirk angegeben. Die meisten Straßen in Budapest heißen *utca* oder *út,* abgekürzt: *u.* Das heißt Gasse bzw. Straße, auch Landstraße. *Körút* werden die Ringstraßen genannt, *sétany* ist eine Promenade, *tér* ein Platz, und *híd* bezeichnet eine Brücke. Wie beim Vorstellen nennt der Ungar auch bei nach Personen benannten Straßen den Familiennamen stets vor dem Vornamen.

Extra-Touren

 Romantisches Wochenende in Budapest

Tour-Übersicht:
Váci utca › Vörösmárty tér › Kettenbrücke › Donaukorso › Burgviertel › Matthiaskirche › Fischerbastei › Burgpalast › Gellértbad › Heldenplatz (Hősok tere) › Stadtwäldchen › Andrássy út

Dauer:
2 1/2 Tage, reine Gehzeit insgesamt ca. 8 Std.

Verkehrsmittel:
1. Tag: Start- und Endpunkt Ⓜ **Ferenciek tere**
2. Tag: Startpunkt Ⓜ **Széll Kálmán tér**. Mit Bus (Linie 16, 16A, 116) vom Széll Kálmán tér/Ecke Várfok utca in die Burg (Haltestelle Szentháromság tér). Zum Gellértbad mit Bus (86, Station Szent Gellért tér), von dort mit Bus 7 zum Endpunkt Ⓜ **Ferenciek tere**
3. Tag: Startpunkt Ⓜ **Heldenplatz**. Mit Bus 105 zum Endpunkt der Tour Ⓜ **Deák Ferenc tér**

Ein Wochenende ist ideal, um die reizvollsten und romantischsten Seiten Budapests zu entdecken. Da ist Zeit, in gemütlichen Kaffeehäusern zu pausieren, in einem der schönsten Jugendstilbäder der Welt zu entspannen sowie einen unvergesslichen Konzertbesuch zu genießen.

1. Tag: Nachmittags – was eignete sich besser zum Kennenlernen Budapests als ein Spaziergang über die bekannteste Flanierstraße der Stadt und entlang des Donaukais mit grandiosem Blick auf Fluss und Burgberg – bei zauberhafter nächtlicher Illumination! Vom Ferenciek tere bummelt man zur **Váci utca** › S. 83 mit ihren Luxusgeschäften, Straßencafés und idyllischen Innenhöfen. Am **Vörösmárty tér** › S. 76 lohnt ein Blick ins legendäre Kaffeehaus **Gerbeaud** › S. 77. Der Weg führt zum Széchenyi István tér mit dem Jugendstiljuwel ***Gresham-Palast** › S. 90 vis-à-vis der ****Kettenbrücke** › S. 90. Auf dem *****Donaukorso** › S. 80 geht es vorbei an Nobelhotels zur **Elisabethbrücke** › S. 82 und zum Ausgangspunkt zurück. Vom Vigadó tér legt das »Candelit«-Dinner-Schiff zur Fahrt auf der nächtlichen Donau ab › S. 13.

2. Tag: Der **Vormittag** ist dem *****Burgviertel** › S. 58 gewidmet. Man besucht die ****Matthiaskirche** › S. 62 und die ***Fischerbastei** › S. 63 mit überwältigender Aussicht und schwelgt anschließend in der Biedermeier-Konditorei **Ruszwurm** › S. 67 in süßen Köstlichkeiten. Für den Bummel durch die Gassen zum ****Burgpalast** › S. 58 und der **Nationalgalerie** › S. 59 sollte man sich Zeit lassen. Ein kurzer Bustrip führt zum **Hotel Gellért** › S. 22, wo man stilvoll Mittag essen kann. <mark>Nachmittags</mark> steht orientalische Badelust im **Gellért-Bad** › S. 68 auf dem Programm. Ein Opernbesuch bildet den stimmungsvollen Ausklang des Tages.

<mark>3. Tag:</mark> Der Ausflug beginnt am ***Heldenplatz** › S. 103. Mit dem Museum für Bildende Künste und der Kunsthalle stehen hier zwei hochkarätige Museen zur Auswahl. Für Stärkung sorgt anschließend das **Gundel** › S. 111, dessen flambierte Palatschinken legendär sind. Über die *****Andrássy út**, den Pester Broadway › S. 98, flaniert man zu Fuß und lässt das künstlerische Flair in einem der Cafés auf sich wirken.

Drei Tage Kultur pur

Tour-Übersicht:
Burgviertel › Matthiaskirche › Nationalgalerie › Aquincum › Óbuda › Heldenplatz (Hősök tere) › Kunstmuseen › Andrássy út › Staatsoper › Parlament › St.-Stephans-Basilika › Große Synagoge › Jüdisches Museum

Dauer:
3 Tage, reine Gehzeit insgesamt ca. 12 Std. (ohne Besichtigungen)

Verkehrsmittel:
<mark>1. Tag:</mark> Startpunkt Ⓜ **Széll Kálmán tér**, Burgbus (16, 16A, 116, Station Szentháromság tér). Abfahrt Standseilbahn, vom Clark Ádám tér mit Bus 86 zum Batthyány tér, von dort HÉV (Szentendre) bis Endpunkt **Aquincum**
<mark>2. Tag:</mark> Startpunkt Ⓜ **Hősök tere**, evtl. mit Bus 105 zum Endpunkt Ⓜ **Deák Ferenc tér**
<mark>3. Tag:</mark> Startpunkt Ⓜ **Kossuth Lajos tér**; Endpunkt Ⓜ **Deák Ferenc tér**

Wer in drei Tagen möglichst viel vom reichhaltigen Kulturangebot Budapests mitnehmen will, muss gut planen: Zu bestimmten Zeiten gibt es deutschsprachige Führungen im Parlament › S. 92 und in der Staatsoper › S. 99. Die Sehenswürdigkeiten im jüdischen Viertel sind samstags nicht zu besichtigen.

<mark>1. Tag:</mark> Den <mark>Vormittag</mark> verbringt man im historischen *****Burgviertel** › S. 58. Höhepunkte bilden die ****Matthiaskirche** mit der Schatzkammer › S. 62, die ***Fischerbastei** › S. 63 und die Burganlage mit der **Nationalgalerie** › S. 59, der bedeutendsten Sammlung ungarischer Malerei. Rund um den

Blick über die Donau zum Burgberg mit Matthiaskirche und Fischerbastei

Batthyány tér gibt es gute Restaurants zum Mittagessen. Nachmittags wandelt man auf den Spuren der Römer. An der Straße nach Szentendre wurden Überreste der antiken Siedlung **Aquincum** › S. 125 freigelegt. Abends empfiehlt sich das Fischrestaurant **Új Sipos Halászkert** › S. 122 zur Einkehr.

2.Tag: Vormittags – im **Museum der Bildenden Künste** › S. 106 am ***Heldenplatz** › S. 103 kann man Glanzstücke von Goya, El Greco und Velázques bewundern. Zeitgenössische Kunst präsentiert die **Kunsthalle** › S. 107 gegenüber. Am Nachmittag kann man weitere Museen an der Kulturmeile *****Andrássy út** › S. 98 besichtigen. Empfehlenswert: Ungarische Kunst aus drei Jahrhunderten präsentiert das **KogArt Ház** › S. 103, dessen Restaurant zur Pause einlädt. Das **Haus des Terrors** › S. 102 erinnert an die Opfer der faschistischen und kommunistischen Regimes. Wenn kein Opernbesuch geplant ist, lohnt die Führung durch das Gebäude der ***Staatsoper** › S. 99. Tipp für den Abend: Konzert mit anschließendem Besuch eines Szenelokals an der Andrássy út.

3. Tag: Um 10 Uhr beginnt sonntags die erste deutschsprachige Führung durchs ****Parlament** › S. 92. Anschließend kann man sich im ***Ethnografischen Museum** › S. 92 ungarische Volkskunst ansehen. Größter Schatz der ****St.-Stephans-Basilika** › S. 94 ist die als Reliquie verehrte rechte Hand König Stephans. Im jüdischen Viertel lohnen besonders der Besuch der ***Großen Synagoge** › S. 111 und des **Jüdischen Museums** › S. 113. Nach der Einkehr in einem koscheren Restaurant empfiehlt sich ein Bummel durch das historische jüdische Viertel.

REISEPLANUNG › Extra-Touren › ❸ Budapest einmal anders

Budapest – einmal anders

Tour-Übersicht:
Felsenkirche am Fuß des Gellértbergs › Labyrinth im Burgberg ›
Pál-völgyi-Tropfsteinhöhle › Szemlő-hegyi-Höhle

Dauer:
ca. 6 Std.

Verkehrsmittel:
Startpunkt **Bushaltestelle** (Linie 86) **Szt. Gellért tér** (Felsenkirche); mit Bus 86 zum Clark Ádam tér; Auf- und Abfahrt zur Burg mit der Standseilbahn (Labyrinth); mit Bus 86 weiter zum Batthyány tér, umsteigen auf HÉV Szentendre bis zur zweiten Station Szépvölgyi út. Vom nahen Kolosy tér mit Bus 65 zur Haltestelle Pál-völgyi cseppkő-barlang (Tropfsteinhöhle). Etwa 15 Min. Fußweg auf der Szépvölgyi út zur Zöldmáli út, an der Kreuzung Haltestelle Bus 29, zweiter Halt Szemlő-hegyi barlang (Höhle). Mit Bus 29 zurück zum Kolosy tér und zum Endpunkt **HÉV-Station Szépvölgyi út.**

Kaum zu glauben, aber wahr – Budapest besitzt eine faszinierende Unterwelt. Die Thermalwasser schufen in den Budaer Bergen inmitten der Stadt zahlreiche Höhlen und Labyrinthe – diese Tour führt zu den schönsten und interessantesten. Wegen der niedrigen Temperaturen sollte man auch im Sommer in die Tropfsteinhöhlen Jacken mitnehmen!

Eingang der tief in den Gellértberg hineingegrabenen Felsenkirche

Die Iwán-Höhle (5 Min. zu Fuß von der Haltestelle) wurde 1926 in den Gellértberg hinein zu einer einzigartigen **Felsenkirche** › S. 68 und einem Kloster des Paulinerordens erweitert.

Tief unter der Budaer Burg (Eingang Úri u. 9) erwartet Besucher ein 1200 m langes **Höhlen- und Tiefkeller-Labyrinth** › S. 67 mit spannenden Ausstellungen zur Geschichte der Höhle.

Die **Pál-völgyi-Tropfsteinhöhle**, mit 14 km die zweitgrößte Ungarns, wurde durch Zufall entdeckt. Ein 500 m langer Wanderweg führt in eine märchenhafte Welt bizarrer Felsformationen (II. Szépvölgyi ú. 162, Besichtigung Di–So 10–16 Uhr, nur im Rahmen von Führungen, 15 Min. nach jeder vollen Stunde).

In der **Szemlö-hegyi-Höhle** entdeckt man Steinrosen und Erbsensteine. Kinder mögen die Tier-Formationen und den »Schneewittchen-und-die-sieben-Zwerge«-Saal am liebsten. Wegen der Reinheit der Höhlenluft wird die Höhle seit 1990 auch für Heilzwecke verwendet. (II. Pusztaszeri ú. 35, Besichtigung: Mi–Mo 10–16 Uhr, nur im Rahmen von Führungen, jeweils zur vollen Stunde).

Auf der schönen blauen Donau

Tour-Übersicht:
Vigado tér › Kettenbrücke › Burgberg › Parlament › Margareteninsel

Dauer:
1–2 Std.

Verkehrsmittel:
Ausgangs- und Endpunkt **Schiffsanleger Vigadó tér**

Von ihrer schönsten Seite präsentiert sich Budapest von der Donau aus. Auf den Ausflugsdampfern erlebt man das UNESCO-Weltkulturerbe – die weltberühmten Baudenkmäler und historischen Brücken – aus einer besonders reizvollen Perspektive. Alle Veranstalter bieten die Tages- und Nachtfahrten auch in Kombination mit attraktiven Programmen an: Opernmelodien, Folklore, Candle-Light-Dinner usw. › S. 15.

Ausführliche Informationen bekommt man bei: **Hungária Koncert** (Duna Palota, Zrínyi u. 5, Tel. 317-1377, www.hungariakoncert.hu), **Mahart Passnave** (Vigadó tér, Tel. 484-4013, www.mahartpassnave.hu), **Program Centrum Travel Agency** (Erzsébet tér 9–11, im Hotel Meridien, Tel. 317-7767, www.programcentrum.hu), **Cityrama Reisebüro** (Báthory u. 22, Tel. 302-4382, www.cityrama.hu), **Legenda** (Vigadó tér, Ponton 7, Tel. 317-2203, www.legenda.hu).

SPECIAL
Romantik am Donauknie

 ### Künstlerkolonie

Das Künstlerstädtchen **Szentendre** etwa 20 km nördlich von Budapest ist eines der beliebtesten Ausflugsziele des Landes. Die schön renovierte Altstadt mit den schmalen Gassen gestalteten im 18. Jh. zugewanderte Serben. Deren Kultur, Religion und Bräuche, vor allem ihr Baustil sorgen für die einzigartige Atmosphäre der Stadt: stilvolle Barock- und Rokoko-Häuser sowie die serbisch-orthodoxe Mariä-Verkündigungs-Kirche. Zauberhafte Aussicht über Kirchtürme und Ziegeldächer zu den Donauauen vom Templom tér.

▪ **Tourinform Büro**
Dumtsa Jenő u. 22
Tel. (26) 317-965
www.szentendreprogram.hu
Mo–Fr 9.30–16.30, Sa, So 10–14 Uhr

Museen und Galerien

Genießen Sie die mediterrane Atmosphäre in Szentendre. Besuchen Sie die zahlreichen Museen und Galerien. In den 1920er-Jahren richteten viele Künstler hier ihre Ateliers ein, unter ihnen **Béla Czóbel** (1880–1976), der Nestor der ungarischen Malerei, sowie die Keramikerin und Bildhauerin **Margit Kovács** (1902–1977), deren Werke ungarische Volkskunstmotive mit Einflüssen der naiven serbischen Ikonenmalerei verbinden.

Freunde der süßen Köstlichkeit aus Mandeln, Zucker und Rosenwasser sowie Liebhaber von Pralinen kommen im **Marzipanmuseum** der bekannten Manufaktur Szamos voll auf ihre Kosten.

▪ **Béla-Czóbel-Museum**
Templom tér 1
April–Okt. Mi–So 14–18 Uhr

- **Margit-Kovács-Museum**
  Vastagh György u. 1
  Tel. (26) 310-244
  Tgl. 10–18 Uhr
- **Szamos-Manufaktur**
  Dumtsa Jenő u. 14
  Tel. (26) 311-931
  Tgl. 10–18 Uhr

Goldener Kochlöffel

Mit einer nachahmenswerten Aktion versucht Szentendre ein positives Zeichen für gastronomische Qualität und gemäßigte Preise in der Touristenhochburg zu setzen. Am freiwilligen Wettbewerb nehmen Gaststätten und Restaurants teil. Der jeweilige Gewinner darf die Fahne mit dem goldenen Kochlöffel vor seinem Lokal aushängen. Gehen Sie auf die Suche!

Ethnografisches Freilichtmuseum

Unbedingt sollte man Ungarns ältestes und größtes **volkskundliches Freilichtmuseum** aufsuchen. Stündlich fahren Busse vom Bahnhof zum Skanzen, etwa 5 km außerhalb des Zentrums. In einem 46 ha großen Naturschutzgebiet präsentieren sich typische Gebäude aller Regionen des Landes aus mehreren Jahrhunderten. In der historischen Gaststätte (www.skanzenfogado.hu) aus der ungarischen Tiefebene im Freilichtmuseum werden typische Gerichte dieser Region serviert.

- **Szabadtéri Néprajzi Múzeum**
  Sztaravodai út
  www.skanzen.hu
  April–Okt. Di–So 9–17, Nov.–März Sa, So 10–16 Uhr

Visegrád und Esztergom

Wer seinen Donauausflug auf ein Wochenende ausdehnen möchte: In **Visegrád**, 44 km nördlich von Budapest, liegen die Ruinen der königlichen Burg, die im 15. Jh. eine der schönsten Herrscherresidenzen war. 24 km weiter westlich in **Esztergom** imponiert die mächtige klassizistische Basilika mit einer berühmten Sammlung zur Kirchenkunst. Gut essen kann man im Restaurant **Anonim**, dessen Spezialität Schweinsrouladen sind. Und als ruhige, naturnahe Unterkunft mit schöner Aussicht auf die Donau empfiehlt sich das Ferienzentrum **Vadregény**.

- **Information Visegrád**
  www.visegrad.hu
- **Information Esztergom**
  www.esztergom.hu
- **Anonim**
  Berényi u. 4
  Esztergom
  Tel. (33) 411-880
  Tgl. außer Mo 12–22 Uhr
- **Vadregény**
  Esztergom-Bubanatvölgy
  Tel. (33) 313-735
  www.vadregeny.hu

Anreise mit dem Schiff

Für romantische Naturen ist die 3- bzw. 4,5-stündige Fahrt nach Visegrád und Esztergom ein Erlebnis. Vom Budapester Vigadó tér legt in der Hauptsaison täglich um 9 Uhr ein Schiff ab; Rückfahrt 16.45 Uhr. Es gibt auch Tanz-, Folklore- und Weinprobe-Schiffstouren.

- **Mahart Passnave**
  Tel. 318-1223
  www.mahartpassnave.hu

Klima & Reisezeit

Budapest hat Kontinentalklima, also heiße Sommer und kalte Winter. Statistisch ist der Januar mit durchschnittlich –2 °C der kälteste Monat. Im Juli kann das Thermometer leicht die 30 °C-Marke übersteigen; im Jahresdurchschnitt liegen die Temperaturen bei 21 °C.

Reisezeit

Budapest kann man das ganze Jahr über besuchen – es gibt immer interessante Programme und Veranstaltungen. Beliebte Reisezeiten sind Frühjahr und -sommer sowie Herbst. Dann kommen auch die typischen Budapester Farben am besten zur Geltung, z. B. das herrliche Pastellgelb vieler alter Häuser. Der Hochsommer gehört den Touristen. Die Budapester zieht es in den Ferien von Mitte Juni bis Ende August aufs Land bzw. an den Plattensee. Das hat den Vorteil, dass der Straßenverkehr merklich geringer ist. Auch der Winter bietet sich für eine Budapest-Reise an, denn es ist meist trocken-kalt – ideal für lange Spaziergänge mit anschließendem Besuch im Kaffeehaus. Über Weihnachten und Silvester sollte man unbedingt rechtzeitig ein Zimmer reservieren.

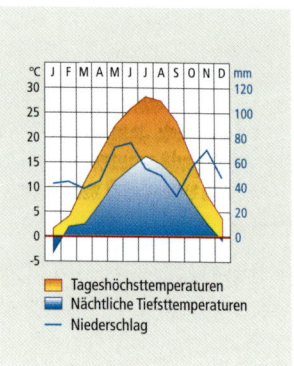

Anreise

Mit dem Auto

Reisende aus Südbayern, Österreich und der Schweiz nehmen die Autobahn über Salzburg und Linz nach Budapest. Aus Norddeutschland und Berlin fährt man über Prag und Brünn, aus Süd- und Mitteldeutschland über Passau und Linz.

Autobahnen sind gebührenpflichtig. Für die M 1, M 3; M 5, M 6, und M 7 muss man vor der Auffahrt zahlen: an der Grenze, an Tankstellen oder elektronisch per SMS und Internet (10-Tages-, Monats- und Jahresgebühr; www.autobahn.hu). Man erhält keine Vignette mehr, stattdessen wird die Gebührenzahlung elektronisch über das Kennzeichen kontrolliert. Die Quittung muss ein Jahr lang aufbewahrt werden.

Auf Autobahnen gilt als Höchstgeschwindigkeit 130 km/h, auf Schnellstraßen 110 km/h, auf Landstraßen 90 km/h, in den Städten 50 km/h. Pkws mit Anhänger dürfen auf Autobahnen höchstens 80 km/h fahren, auf Landstraßen 70 km/h. Bahnübergänge dürfen nur mit 40 km/h, im Ort nur mit 30 km/h überquert werden. Außerhalb der Ortschaften ist auch bei Tag mit Abblendlicht zu fahren.

Wichtig: In Ungarn gilt die Null-Promille-Grenze – bei Überschreitungen drohen hohe Strafen! Außerdem besteht Anschnallpflicht; das Telefonieren ist nur mit Freisprechanlage erlaubt. Die Warnwestenpflicht gilt auch für Fußgänger, die sich im Dunkeln auf Landstraßen fortbewegen.

Mit der Bahn

Von Deutschland, Österreich und der Schweiz aus verkehren Züge direkt nach Budapest. Von München dauert die Fahrt etwa 9 Std. Die Züge laufen meist am Budapester Ostbahnhof (Keleti pályaudvar) ein. Info über Bahnverbindungen: www.mav-start.hu.

Bis zum Alter von 6 Jahren und ab dem 66. Lebensjahr fahren EU-Bürger kostenlos mit den öffentlichen Verkehrsmitteln in Budapest (ausgenommen sind die Standseilbahn Sikló und der Sessellift Jánoshegy) sowie 2. Klasse in ganz Ungarn mit Regionalzügen. Ebenso gibt es Ermäßigungen für Schüler und Studenten bzw. Personen bis 26 Jahren (bei Vorlage des entsprechenden Ausweises).

Mit dem Flugzeug

Von allen großen europäischen Flughäfen gibt es Direktflüge nach Budapest, auch Low-Budget-Airlines steuern die ungarische Hauptstadt an. Der Budapester Liszt Ferenc-Flughafen (Info: www.bud.hu) liegt etwa 16 km südöstlich der Innenstadt. Am günstigsten und schnellsten gelangt man mit dem Bus 200 E zum Bahnhof Ferihegy und von dort mit dem Zug zum Westbahnhof (Nyugati pu.). Es gibt aber auch einen AirportShuttle-Minibus vom Flughafen direkt zum gewünschten Ziel.

Mit dem Bus

Die **Deutsche Touring/Eurolines** (Tel. 069/790 35 01, www.eurolines.de) fährt mehrmals pro Woche von diversen deutschen Städten nach Budapest und zurück. Auch das ungarische Unternehmen **Volánbusz** (Tel. 01-382-0888, www.volanbusz.hu) verkehrt international.

Mit dem Schiff

Ein Tragflügelboot fährt in der Hauptsaison von April bis Ende September zweimal wöchentlich (Mo, Mi) von Budapest nach Wien und wieder zurück (Di, Do), die Fahrzeit beträgt ca. 6,5 bzw. 5,5 Std. Fahrplan- und Tarifauskünfte: www.mahartpassnave.hu.

Stadtverkehr

Öffentliche Verkehrsmittel

Das Fahren mit den öffentlichen Verkehrsmitteln lohnt. Vor allem die U-Bahnen ermöglichen es, schnell von einer zur anderen Donauseite zu wechseln. **Busse, Trolleybusse, Straßen-** sowie **U-Bahnen** verkehren täglich etwa zwischen 4.30 und 23.15 Uhr. Zwischen 0 und 4 Uhr bedienen **Nachtbusse** halbstündlich die wichtigsten Strecken. Die **S-Bahnen** (HÉV) verbinden die Budapester Vororte mit dem Zentrum. Interessant sind vor allem die Linien nach Szentendre › S. 14 oder zum Sissi-Schloss nach Gödöllő › S. 129. Einzelfahrkarten sind für alle öffentlichen Verkehrsmittel einheitlich und in U-Bahnstationen, an Automaten, in Tabakläden oder Zeitungskiosken erhältlich. Sie gelten für die gesamte Strecke der jeweiligen Linie, allerdings ohne Umsteigen! Ebenso berechtigen sie zu Fahrten mit den HÉV-Linien innerhalb von Budapest. Erhältlich sind ferner Umsteige-, Strecken-, Tages-, Familien-, Dreitages-Touristenkarten sowie 10er- und 20er-Sammelkarten. Die Karten müssen vor Fahrtantritt entwertet werden. Infos: www.bkv.hu.

Mit der **Budapest Card** › S. 138, erhältlich für 1, 2 oder 3 Tage, kann man gratis alle öffentlichen Verkehrsmittel bis zur Stadtgrenze benutzen. Infos: http://budapest-card.com.

Fahrradverleih und -touren

An der Stephansbasilika kann man nicht nur Räder leihen, sondern um 10.30 Uhr auch zu deutschsprachigen Touren durch Pest (auch 15 Uhr), Buda und Óbuda starten (**BudaBike Tours**, V., Szt. István tér, Tel. 70-242-5736, www.budabike.com).

SEITENBLICK

Tipp für Autofahrer

Autofahrer parken ihren Wagen am besten für die Dauer ihres Budapest-Aufenthalts in der Hotelgarage und steigen auf die öffentlichen Verkehrsmittel um. So vermeiden sie die endlosen Staus und die frustrierende Suche nach Parkplätzen, die extrem hohen Parkgebühren, den rasanten Fahrstil der Budapester und die Angst um ihren Wagen.

Taxi

Zugelassene Taxis sind in Ungarn durch ein gelbes Taxischild auf dem Dach sowie ein gelbes Nummernschild gekennzeichnet. Sie müssen über ein Taxameter verfügen. Per Telefon bestellte Taxis sind deutlich günstiger! Unternehmen mit nachprüfbaren Tarifen sind: **City Taxi** (Tel. 211-1111), **Főtaxi** (Tel. 222-2222), **Rádiótaxi** (Tel. 777-7777), **Tele 5 Taxi** (Tel. 555-5555), **6 × 6 Taxi** (Tel. 666-6666) und **Taxi 2000** (Tel. 200-0000).

SPECIAL
Mit Kindern in der Stadt

Dorado für Eisenbahn- und Technikfans

Budapest hält für Kinder einzigartige Erlebnisse bereit. Sehr beliebt sind Ausflüge in die **Budaer Berge**. Mit der **Zahnradbahn** › S. 131 geht's hinauf in den Grüngürtel der Stadt mit Wanderwegen, viel Platz zum Toben und freundlichen Gaststätten. Toll ist die Fahrt mit der nostalgischen **Kindereisenbahn** oder hoch über Baumwipfel und Felsen schwebend mit dem **Sessellift**.

Im größten **Eisenbahn-Freilichtmuseum** Europas können sich Kinder einen Traum erfüllen und selbst einmal Lokführer sein. Per Simulator lenken die Kids eine Lokomotive oder fahren mit einer Draisine. Für Stärkung sorgt ein Restaurant. Ab Westbahnhof fährt während der Hauptsaison täglich um 10.20, 11.20 und 13.20 Uhr ein Zug nach Esztergom und hält am **Vasúttörténeti Park,** einem Nostalgie-Eisenbahnpark mit historischen Lokomotiven und Modelleisenbahnen.

Auch der Besuch des **Verkehrsmuseums** › S. 109 im Stadtwäldchen lohnt, verfügt es doch über eine der besten Sammlungen Europas: Man sieht Lokomotiv- und Schiffsmodelle sowie Autos, Motorräder und Straßenbahnen im Original, die anschaulich die Entwicklung des Verkehrs in Ungarn dokumentieren.

Technik einmal ganz anders wird im speziell für Kinder konzipierten **Palast der Wunder** (Csodák Palótája) vermittelt. In wechselnden Themenausstellungen werden auf verblüffende Weise Naturgesetze vor-

Haupteingang des Budapester Zoos

gestellt. Ein riesiges Spielhaus für die ganze Familie!

- **Vasúttörténeti Park**
  XIV. | Tatai u. 95
  www.mavnosztalgia.hu
  April–Okt. Di–So 10–18,
  Nov. 10–15 Uhr
- **Palast der Wunder**
  XXII. | Nagytétényi út 37–43 (im Einkaufszentrum Campona)
  www.csodakpalotaja.hu
  Tgl. 10–20 Uhr
  Zug ab Déli pu. bis Budatétény

Tierisch gut!

Die etwas weitere Anfahrt in den Süden Budapests lohnt unbedingt! Im Campona Einkaufszentrum befindet sich außer dem Palast der Wunder auch das **Tropicarium-Oceanarium**, das größte Aquarium Ungarns. Auf einer Fläche von 3000 m² sind u. a. Haie und Rochen in Riesenaquarien zu bestaunen. Einheimischen Fischarten begegnet man hier ebenso wie der Tierwelt des tropischen Regenwaldes.

Immer attraktiv ist ein **Tierparkbesuch**. Der Budapester Zoo › S. 110 gehört zu den ältesten in Europa und besitzt ein traumhaftes Jugendstil-Elefantenhaus. Für die aufwendige Renovierung erhielt er den Europa-Nostra-Preis. Ganz besonders stolz aber ist der Zoo auf seine vielen Tierbabys! Und auf den Zauberberg (Varázshegy), in dem man auch bei schlechten Wetter auf eine spannende Forschungsreise in die Erdgeschichte gehen und sich stundenlang beschäftigen kann.

- **Tropicarium-Oceanarium**
  XXII. | Nagytétényi u. 37–43 (im Einkaufszentrum Campona)
  www.tropicarium.hu
  Tgl. 10–20 Uhr

Labyrinthe und Höhlen

Das **Burglabyrinth** › S. 67 unter den mittelalterlichen Gassen des Burgviertels lädt ein in eine geheimnisvolle Unterwelt. Der 1200 m lange Weg durch ein verwinkeltes Stollen- und Höhlensystem führt durch verschiedene Ausstellungen. Sonntags wird von 10 bis 13 Uhr ein Kinderprogramm geboten.

Mit dem Fahrrad auf der Margareteninsel

Ein besonderes sportliches Vergnügen bietet sich auf der Margareteninsel an. Hier kann man Fahrräder oder den Fahrrad-Landauer für vier Personen mieten und die paradiesische Insel strampelnd erkunden. Auch mit der Pferdekutsche lässt sich – ganz geruhsam – eine Inselrundfahrt unternehmen.

Unterkunft

Budapest blickt auf eine lange Tradition als Hotel- und Kurstadt zurück. Alle internationalen Hotelketten verfügen daher über mindestens ein repräsentatives Haus im Pester Zentrum oder in den grünen Außenbezirken von Buda. Das Zimmerangebot bietet in jeder Preisklasse eine breite Auswahl auf gutem Niveau. Bars sind in den meisten Hotels selbstverständlich; in den großen Häusern sind auch Fitness- und Wellness-, oft sogar Thermalbereiche › S. 70 vorhanden. Die Privatpensionen, meist auf der Budaer Seite angesiedelt, sind familienfreundlich und verwöhnen ihre Gäste mit ungarischer Hausmannskost.

Es lohnt sich, nach günstigen Pauschal- und Wochenendtarifen zu fragen, ebenso nach **Special Offers** zur Vor- und Nachsaison. Für Weihnachten, Silvester oder die Messezeiten, fürs Frühjahrsfestival und das Formel 1-Rennen am Hungaroring sollte man rechtzeitig buchen.

Übersichtlich, informativ, schnell – die großen **Online-Hotelagenturen** haben auch viele Schnäppchen im Angebot. Die besten hat Stiftung Warentest ermittelt. Auch Reisebüros bieten attraktive Pauschalarrangements an.

Eine Herausforderung stellt die Restaurierung legendärer Luxushotels oder der Ausbau historisch bedeutender Gebäudekomplexe zu Prunkherbergen dar. Im Gresham-Palast entstand ein Four-Seasons-Wellnessstempel im Art-Nouveau-Stil › S. 22; das von der Boscolo-Gruppe geführte New York Palace › S. 22, dessen Kaffeehaus als Literatentreff berühmt wurde, prunkt mit vergoldetem Stuck und poliertem Marmor.

Luxushotels

InterContinental ●●●
Luxus pur: 5-Sterne-Hotel in exklusiver Lage am Donauufer nahe der Kettenbrücke auf der Pester Seite. Ausgezeichneter Service.
- V. | Apáczai Csere János u. 12–14
- Tel. 327-6333
- www.budapest.intercontinental.com

Marriott Hotel ●●●
Mitten im Zentrum gelegenes Hotel, alle Zimmer und Suiten mit herrlichem Blick auf die Donau.
- V. | Apáczai Csere János u. 4
- Tel. 486 5000
- www.marriott.de

Sofitel Budapest Chain Bridge ●●●
Spektakuläres Luxushotel mit französischem Flair am Donauufer. Gourmetrestaurant mit Showküche, stilvolle Bar.
- V. | Széchenyi István tér 2
- Tel. 235-1234
- www.sofitel.com

Trendhotels

Continental Hotel Budapest ●●●
Mehrfach ausgezeichnetes 4-Sterne-Designhotel in einem denkmalgeschützten Jugendstilgebäude auf dem Gelände des einstigen Hungaria-Bades.
- VII. | Dohány u. 42–44
- Tel. 815-1000
- www.continentalhotelbudapest.com

REISEPLANUNG › Unterkunft

 Legendäre Hotels

Astoria ●●●
Schönes altes Haus im Pester Zentrum, wegen seines stilechten Interieurs schon mehrmals Schauplatz von Spielfilmen.
- V. | Kossuth Lajos u. 19–21
- Tel. 889-6000
- www.danubiusgroup.com

Danubius Hotel Gellért ●●●
Das 1918 eröffnete Jugendstilhotel war *der* Treffpunkt der noblen Budapester Gesellschaft. Dem Hotel angegliedert ist das weltberühmte Gellért-Thermalbad.
- XI. | Szent Gellért tér 1
- Tel. 889-5500
- www.danubiusgroup.com

Four Seasons Hotel Gresham Palace ●●●
Märchenhaftes Ambiente im Jugendstil, romantische Kulisse vis-a-vis der Kettenbrücke, Panoramablick auf das Burgviertel, Luxus-Spa.
- V. | Széchenyi István tér 5–6
- Tel. 268-6000
- www.fourseasons.com/budapest

Hilton Budapest ●●●
Exklusives Haus direkt neben Matthiaskirche und Fischerbastei im Herzen des Burgviertels.
- I. | Hess András tér 1–3
- Tel. 889-6600
- www.hilton.de/budapest

Danubius Hotel Budapest ●●
Der einzigartige Zylinderturm des 4-Sterne-Hotels bietet einen Rundum-Panoramablick über die Stadt.
- II. | Szilágyi Erzsébet fasor 47
- Tel. 889-4200
- www.danubiushotels.com

Designhotel Lánchíd 19 ●●●
Das exquisite kleine Boutiquehotel direkt unterhalb der Burg am Donauufer erhielt Auszeichnungen für Architektur und Design: ziehharmonikaartige Glasfassade, Atrium mit Glashängebrücken und Teile einer mittelalterlichen Wassermühle.
- I. | Lánchíd u. 19
- Tel. 419-1900
- www.lanchid19hotel.hu

New York Palace ●●●
Der Luxushotelmogul Boscolo kombinierte das Baudenkmal des Budapester Eklektizismus mit hochkarätigem italienischem Design. Auch als Business-Treffpunkt gefragt.
- VII. | Erzsébet krt. 9–11
- Tel. 886-6111
- http://budapest.boscolohotels.com

Hotel President ●●●
Atemberaubende Panoramaterrasse, extravagante Spa- und Fitnessanlagen inklusive Swimmingpool, elegant situiert neben der amerikanischen Botschaft und der ungarischen Nationalbank – ein neuer Stern am Budapester Luxushotel-Himmel.
- V. | Hold u. 3–5
- Tel. 373-8200
- www.hotelpresident.hu

Mittelklassehotels

Cotton House ●●
Kleines Haus mit nur 20 Zimmern, aber viel Charme. Im »Cotton Club«-Restaurant im Erdgeschoss sorgt allabendlich eine Jazzband für Stimmung.
- VI. | Jókai u. 26
- Tel. 354-2600
- www.cottonhouse.hu

Ein Jugendstiljuwel: das Four Seasons Hotel Gresham Palace

Ibis Hotel Centrum ●●
Rund um das mittelgroße moderne Kettenhotel gibt es viele Szenelokale und stimmungsvolle Pubs. Nur 5 Min. Fußweg zum Nationalmuseum, 10 Min. zur Váci utca.
- IX | Ráday u. 6
- Tel. 456-4100
- www.ibis-centrum.hu

Normafa Hotel ●●
Wellness-Mittelklassehotel mit geschmackvollem Interieur. Auf dem Szabadság-Berg, dem schönsten Aussichtspunkt Budapests im Grünen; 15 Autominuten vom Zentrum.
- XII. | Eötvös ú. 52–54
- Tel. 395-6505
- www.normafahotel.com

Fortuna Schiffshotel ●–●●
Einzigartiges Schiffshotel auf der Donau mit Blick auf die Margareteninsel und das Burgviertel, unweit vom Zentrum. Das Unterdeck mit Bullaugen wurde als preiswertes Jugendhostel eingerichtet.
- XIII. | Szent István rakpart
- Tel. 288-8100
- www.fortunahajo.hu

Beatrix Panzió-Hotel ●
Das hervorragende kleine Apartment-Hotel mit familiärer Atmosphäre liegt inmitten von viel Grün im Norden von Buda; trotzdem ist es stadtnah dank der guten Verkehrsanbindung.
- II. | Széher ú. 3
- Tel. 275-0550
- www.beatrixhotel.hu

Gozsdu Court Apartments ●
Günstig, zentral, stilvoll – das Apartmenthotel mit Tiefgarage im Gozsdu-Hof im jüdischen Viertel.
- VII. | Király u. 13
- Tel. +44-20-3289-4713
- www.gozsducourt.com

Pensionen

Wer eine familiäre und preiswertere Unterkunft sucht, kann in Budapest aus einem großen Angebot von Pensionen,

REISEPLANUNG › Unterkunft

Zimmer mit Galerie im Hilton

Privatzimmern und Apartments wählen. Informationen findet man z. B. unter www.deutsche-pensionen.de.

Buda Villa ●●
Schöne kleine Familienpension in ruhiger Lage in den Budaer Bergen, engagierte Gastgeber, Flughafentransfer.
- XII. | Kiss Áron u. 6
- Tel. 275-0091
- www.budapansio.hu

Budavar Pension Budapest ●
Preiswerte Familienpension unterhalb der Fischerbastei am Hang des Burgbergs.
- I. | Szabó Ilonka u. 15
- Tel. 201-5686
- www.budavar-pension.com

Cziráky Panzió ●
Kleinere Pension in Hanglage in Buda mit wundervollem Blick über die ganze Stadt. Alle elf Zimmer verfügen über Dusche, Minibar und Fernseher und sind angenehm modern eingerichtet.
- XII. | Rácz Aladár u. 139
- Tel. 274-4759
- http://czirakypanzio.hu

Unikum Panzió ●
Kleine gemütliche Pension in ruhiger Lage in Buda mit herrlichem Ausblick. Zehn Zimmer.
- XI. | Bod Péter u. 13
- Tel. 319-3784
- www.unikumpanzio.hu

X Panzió ●
Ruhig in einer Gartenstadt gelegen, etwa 3 km vom Zentrum entfernt. Neun große, helle Zimmer mit Bad in separatem Anbau.
- XV. | Molnár Viktor u. 45
- Tel. 272-3648

Youth Hostels

Budapest verfügt über 32 Jugendherbergen bzw. Hostels. Man kann auch Doppelzimmer mit eigenem Bad buchen, in der Regel erfolgt die Unterbringung jedoch in Mehrbettzimmern. Während der Sommerferien werden zusätzlich Räume in Studentenwohnheimen vermietet. Die Vermittlung erfolgt über www.hostelworld.com, www.hihostels.com oder über:

Tourist Information Office
- VIII. | Keleti Pályaudvar (Ostbahnhof)
- Tel. 438-8080

Campingplätze

In Budapest gibt es sechs Campingplätze mit unterschiedlichem Komfort. Bei der ungarischen Tourismuszentrale ist eine Broschüre über Camping in Ungarn erhältlich › S. 137. Budapest verfügt über viele Heilbäder, sehr beliebt ist daher Kurcamping bei den Thermalquellen. Einen Überblick über alle Plätze erhält man auf der Internetseite des ungarischen Campingverbandes:

Magyar Kempingszövetség (Ungarischer Campingverband)
- H-8360 Keszthely
- Martinovics u. 1/B
- Tel. +36-83-314-422
- www.camping.hu

Camping Niche
Schön in einem engen Tal in den Budaer Bergen beim Sessellift auf den Jánoshegy gelegen; rund 200 Stellplätze. Gute Busverbindung in die Innenstadt. Ganzjährig geöffnet.
- XII. | Zugligeti u. 101
- Tel. 200-8346
- www.campingniche.hu

Biker Camp
Schön gelegener, gartenähnlicher Campingplatz, exklusiv für Motorradfahrer. 25 Plätze. Ganzjährig geöffnet.
- VIII. | Benyovsky Móric u. 40
- Tel. 333-7059
- www.bikercamp.hu

Római Camping
Der größte Campingplatz Budapests in Óbuda in der Nähe der Römerstadt Aquincum mit perfekter Infrastruktur. Ganzjährig geöffnet.
- III. | Szentendrei u. 189
- Tel. 388-7167
- www.romaicamping.hu

Essen & Trinken

Revolution in der Küche

2013 schrieb die ungarische Gastronomie ein Stück Erfolgsgeschichte. Beim renommierten Gourmetwettbewerb »Bocuse d'Or« in Lyon im Januar erzielte das ungarische Team unter Leitung von Tamás Széll (Sous-Chef im Michelin-besternten Restaurant »Onyx«) einen beachtlichen zehnten Platz. Im Mai widmete die »New York Times« der »Hungarian Revolution«, den modernen, fantasievollen Kreationen der magyarischen Haute Cuisine, einen begeisterten Artikel.

Doch nicht nur die Budapester Spitzengastronomie setzt auf die Kombination traditioneller Elemente mit neuen Zutaten. Allgemein entwickelt sich der Trend am Vorbild der mediterranen Küche hin zu leichterem oder gar exotischem Geschmack. Doch wird den echten Klassikern der ungarischen Küche niemand so schnell den Rang streitig machen.

Viel Zwiebeln und Paprika

Die bekannte Melodie aus Johann Strauß' Operette »Der Zigeunerbaron« ist immer noch Programm in der ungarischen Küche: Borstenvieh und Schweinespeck – nicht nur für den reichen Schweinezüchter Zsupán idealer Lebenszweck – dominieren auf den Speisekarten vieler Restaurants und erst recht am heimischen Herd. Und: Zur ungarischen Küche gehört nun mal das Schweineschmalz. Als Geschmacksträger bringt es die Zwiebeln zur Geltung und den Paprika sowieso.

Eintopfgerichte

Frisch gekocht schmeckt eines der vielseitigsten Gemüsegerichte am besten: das *lecsó* (sprich: letscho), bestehend aus Zwiebeln, Tomaten und Paprika. Zusammen mit einer pikanten *kolbász*, der geräucherten Schweinswurst, wird es zur Hauptmahlzeit. Eine lange Tradition haben ferner die diversen Arten von *pörkölt*. Sie sind das, was man anderswo unter Gulasch versteht. *Pörkölt* wird vom Rind, Kalb, Huhn, Kaninchen, Schwein, Hammel oder vom Wildschwein zubereitet. Mit saurer Sahne abgeschmeckt nennt man es in Ungarn *paprikás*. Die Variante mit Sauerkraut heißt Szegediner Gulasch (*székelykáposzta*). Weitere Klassiker sind gefüllte Paprika (*töltött paprika*) und Krautwickel (*töltött káposzta*)

Paprika und Salami – ungarische Klassiker

Delikate Braten und Wildgerichte

Eine weitere traditionelle Köstlichkeit sind die vielen Braten der ungarischen Küche. Der Jungfernbraten (*szűzpecsenye*) vom jungen Schwein etwa, nach der Bozsoker Art mit Schweinemett gefüllt. Oder der Rostbraten (*rostélyos*), der in den verschiedensten Variationen zubereitet wird, immer aber auf der Grundlage eines Lendenstücks oder Roastbeefs. Am bekanntesten sind der Rostbraten nach Hortobágyer Art (mit einem Grießkloß und vielen Kräutern) oder der Rostbraten »Esterházy« mit einer Sauce aus Gemüse, Sauerrahm und Senf.

In guten Budapester Restaurants werden häufig Wildgerichte serviert. Das Fleisch stammt aus Ungarn; beim Verzehr muss man keine Bedenken haben. Wild wird in der Regel geschmort und mit dunkler Soße serviert.

Frischer Fisch

In der ungarischen Küche sehr beliebt sind Süßwasserfische. Keinerlei Risiko geht man in den zahlreichen klassischen Fischrestaurants oder in stark frequentierten Lokalen ein. Als Delikatesse gilt *fogas*, der Zander aus dem Plattensee. Karpfen, Wels und Stör (*ponty, harcsa, tok*) sind ebenfalls hervorragend, am besten vom Grill, mit frischem Brot und Salat. Oft werden auch Filets frittiert und mit Sauce Tatare, einer Art Remoulade, serviert.

Ein Wort zur *halászlé*, der berühmten Fischsuppe, der zweiten ungarischen Nationalspeise. Es gibt vielerlei Varianten. Welches Rezept das »beste« ist, darüber können Ungarn lange miteinander streiten. Einmal bilden in Schweineschmalz fein gedünstete Zwiebeln die Grundlage der Suppe, ein anderes Mal ein Sud aus sehr geschmacksintensiven Kleinfischen. Auch die Einlagen variieren. Während die Bajaer Fischsuppe mit Nudeln serviert wird, werden andere mit Filets von mehreren verschiedenen Flussfischen kredenzt. Das Geheimnis liegt in der richtigen Mischung aus süßer und scharfer Paprika für die pikante Schärfe.

Man isst die Fischsuppe als ersten Gang, danach einen Teller *túróscsusza*, in Österreich Topfenfleckerln genannt – Nudeln mit Quark und Grammeln, ausgelassenen knusprigen Speckwürfeln.

Süße Verführer

Strudel (*rétes*) in allen Variationen brachten die Türken nach Ungarn, doch hat er sich seitdem sehr verändert. Ein vorschriftsmäßig ausgezogener Strudelteig ist so dünn und leicht, dass man ihn vom Tisch pusten kann.

Nicht nur ein Augenschmaus ist der Gundel-Palatschinken (*Gundel palacsinta*), dessen Markenzeichen die Walnussfüllung und exquisite Schokoladen-Rum-Sauce ist. Nach dem Originalrezept von Károly Gundel, dessen Name zu Budapest gehört wie Sacher zu Wien, wird er flambiert serviert.

Für den Hunger zwischendurch

Die ungarische Alternative zu Pommes frites mit Ketchup heißt *lángos* und ist ein ebenso köstlicher wie anhaltender Appetitstiller. Der ausgezogene, in heißem Öl frisch ausgebackene salzige Hefeteig – oft in Tellergröße – wird meist an Straßenständen angeboten. Gewürzt mit Knoblauch, mit Käse bestreut oder mit saurer Sahne bestrichen ist er ein Genuss.

Wer es noch deftiger mag, kann in den Markthallen, im Imbiss oder vielfach auch in größeren Fleischereien gebratene Blut- und Leberwurst (*hurka*) kosten. Dazu bestellt man Brot und saure Gurken. Im Winter begegnet man überall in der Stadt den Maronenverkäufern mit ihren Öfchen.

Jüdische Spezialitäten

Im jüdischen Viertel in der Elisabethstadt kann man z. B. das traditionelle Sabbatgericht Scholet (*sólet*), ein Bohnengericht mit geräucherter Gänsebrust, und eine Vielzahl koscherer Speisen und Backwaren probieren.

Restaurants in Budapest

Bei den Szenelokalen ist die Fluktuation groß. Viele sind Eintagsfliegen. Gekocht wird häufig mit Friteuse und Mikrowelle; die Zutaten kommen aus der Tiefkühltruhe. Vielfach versucht man sich in ausländischen Kochkünsten: chinesisch, italienisch oder griechisch usw. Dies tangiert den klu-

Gourmettempel mit Tradition: das »Gundel«

gen Urlauber wenig: Er bevorzugt heimische Küche und verzichtet in Budapest lieber auf die Pizza. Besucht man eines der alteingesessenen Restaurants, kann man keinen Fehler machen. Ansonsten gilt die Faustregel, nach Tagesmenüs oder Spezialitäten des Hauses Ausschau zu halten.

In der deutschsprachigen »Budapester Zeitung« (www.budapester.hu) und dem »Pester Lloyd« (www.pesterlloyd.net) werden regelmäßig Restaurants vorgestellt und besprochen; hier findet man Hinweise auf die neuesten Trendlokale und wird auf echte Spezialitäten aufmerksam gemacht.

Typisch ungarisch

Mák Bistro ●●●
Einer der besten Vertreter der neuen ungarische Designküche.
- V. | Vigyázó F. u. 4 | Pest
- Tel. 30-723-9383
- www.makbistro.hu
- Di–Sa 12–15, 18–24 Uhr

Mátyás Pince ●●●
Der »Matthiaskeller« erfüllt das romantische Klischee echt ungarischer Gastlichkeit und bietet gepflegte Landesküche mit Livemusik. Günstige Mittagsmenüs.
- V. | Március 15. tér 7
- Pester Innenstadt
- Tel. 266-8008
- www.matyaspince.hu
- Tgl. 11–24 Uhr

Bagolyvár ●●
Zünftige landestypische Gerichte, täglich wechselnde Menüs. Preiswertere Alternative zum »Gundel« (aber zur gleichen gastronomischen Familie gehörig) neben dem Zoo im Stadtwäldchen.
- XIV. | Gundel Károly út 4 | Pest
- Tel. 468-3110
- www.bagolyvar.com
- Tgl. 12–23 Uhr

Pest-Buda ●●
Ungarische Küche wie zu Großmutters Zeiten aus besten Zutaten.
- I. | Fortuna u. 3 | Budaer Burgviertel
- Tel. 225-0377
- www.pestbudabistro.hu
- Tgl. 12–24 Uhr

Rozmaring ●●
Das hübsche Gartenlokal am Donauufer mit Blick auf die Margareteninsel stellt Spezialitäten verschiedener ungarischer Regionen zur Wahl.
- III. | Árpád fejedelem u. 125 | Óbuda
- Tel. 367-1301
- www.rozmaringkertvendeglo.hu
- Mo–Sa 12–23, So 12–21 Uhr

Fakanál ●
Preiswerter Mittagstisch auf der Galerie der Zentralen Markthalle. Donnerstags frische Fischsuppe!
- IX. | Vámház krt. 1–3
- Pester Innenstadt
- Tel. 217-7860
- www.fakanaletterem.hu
- Mo–Fr 10–17, Sa 10–15 Uhr

Internationale Gastronomie

Rosenstein Restaurant ●●●
Beliebtes Restaurant mit jüdischer und internationaler Küche nahe dem Ostbahnhof. Hier kocht der Chef persönlich!
- VIII. | Mosonyi u. 3 | Pest
- Tel. 333-3492
- www.rosenstein.hu
- Mo–Sa 12–23 Uhr

Serpenyős Vendéglő ●
Große Auswahl an Bio-Gerichten, frisch zubereitete Tagesmenüs.
- II. | Szépvölgyi u. 62 | Buda
- Tel. 335-5361
- www.reziserpenyos.hu
- Tgl. 12–24 Uhr

WestEnd City Center
Eine kulinarische Weltreise kann man in den 40 Restaurants, Cafés und Imbissen des Einkaufscenters am Westbahnhof unternehmen – hier findet sich etwas für jeden Geschmack und Geldbeutel.
- VI. | Váci u. 1–3 | Pester Innenstadt
- www.westend.hu
- Tgl. 8–23 Uhr

Fischspezialitäten

Régi Sipos Halászkert ●●
Das gemütliche Restaurant hat den Ruf, die beste Adresse für Fischgerichte in Budapest zu sein.

Bemerkenswerte Budapester Restaurants

Onyx ●●●
Nobelrestaurant des Traditionskaffeehauses Gerbeaud mit raffinierter, Michelin-Stern-prämierter Küche.
V. | Vörösmarty tér 7–8
Pester Innenstadt
Tel. 508-0622
www.onyxrestaurant.hu
Di–Fr 12–14, Di–So 18.30–23 Uhr,
Ende Juli–Ende Aug. Sommerferien

Gundel ●●●
Der traditionsreiche Gourmettempel bietet fantasievolle ungarische Küche. Man sollte sich angemessen kleiden. Sonntags Brunch › S. 111.
XIV. | Gundel K. u. 4
Pest (beim Zoo)
Tel. 889-8100
www.gundel.hu
Tgl. 12–24 Uhr

Vén Hajó Ètterem ●●
Nahe der Kettenbrücke verankert liegendes Museumsschiff und Restaurant in einem – serviert werden auch die »Leibgerichte des Kapitäns«.
V. | Vigadó tér, Ponton 2
Pester Innenstadt
Tel. 411-0942
www.venhajo-etterem.hu

Náncsi Néni Vendéglője ●–●●
Sehr gefragtes Gartenlokal am Stadtrand (Hüvös-Tal) mit Familientradition, gute ungarische Küche, schöner Gastgarten mit alten Bäumen. An manchen Tagen Akkordeonmusik.
II. | Ördögárok ú. 80 | Buda
Tel. 397-2742
www.nancsineni.hu
Tgl. 12–23 Uhr

REISEPLANUNG › Essen & Trinken

■ III. | Lajos u. 46 | Óbuda
■ Tel. 250-8082
■ www.regisipos.hu
■ Tgl. 12–23 Uhr

Bajai Halászcsárda ●●
Das urige Fischrestaurant lohnt den Abstecher in die Budaer Berge.
■ XII. | Hollós u. 2 | Buda
■ Tel. 275-5245
■ www.bajaihalaszcsarda.hu
■ Mo–Sa 11.30–22, So 11.30–17 Uhr

Horgásztanya Vendéglő ●●
Rustikales Lokal mit fantastischer Fischsuppe am Donauufer, Gartenterrasse.
■ I. | Fő u. 27 | Buda
■ Tel. 212-3780
■ www.horgasztanyavendeglo.hu
■ Tgl. 12–24 Uhr

SEITENBLICK

Ungarische Weine und Schnäpse

Die Römer brachten auch den Wein mit. Seit etwa 2000 Jahren gibt es in Ungarn Weinanbaugebiete. Hier gedeihen Trauben für exzellente Rebensäfte. 22 Weinanbaugebiete besitzt das kleine Land und liegt, nach Meinung des Weinpapstes Hugh Johnson, in der Tradition der Qualitätsweinerzeugung an dritter Stelle in Europa. Es gibt historische Anbaugebiete mit Spitzenlagen, dazu gehören beispielsweise Badacsony am Nordufer des Plattensees, Eger im Norden (Erlauer Stierblut) und das Gebiet um Tokaj.

Rotweine aus dem südungarischen Villány brauchen den Vergleich mit der französischen Konkurrenz nicht zu scheuen. Zu empfehlen sind Merlots, Cabernets und Pinots noirs. Auch am Südufer des Plattensees gedeihen sehr gute Weißweine, z. B. Welschriesling, Chardonnay und Sauvignon Blanc. Ein köstlicher Tropfen kostet seinen Preis, dennoch ist ein guter Roter aus Villány um rund ein Drittel preiswerter als ein vergleichbarer Franzose.

Das renommierte **Internationale Wein- und Sektfestival** am 2. Septemberwochenende in der Budaer Burg bietet alljährlich Gelegenheit, die berühmtesten Weinhersteller und köstlichsten ungarischen Erzeugnisse kennenzulernen. Ein abwechslungsreiches Kulturprogramm verleiht dem Ereignis den entsprechenden Rahmen (www.winefestival.hu).

Eine große Auswahl an Weinen mit Möglichkeit zur Verkostung führen u. a.: **Bortársaság**, Lánchíd, I., Lánchíd u. 5, Tel. 225-1702, Mo–Fr 10–21, Sa 10–19 Uhr; **Domus Vinorum Borház**, V., Bajcsy Zs. u. 18, Tel. 225-8962; tgl. 10–22 Uhr.

Die ungarischen Obstschnäpse haben eine lange Tradition. Zu den Hungarica werden z. B. der berühmte Aprikosenschnaps *(barack pálinka)* aus Kecskemét oder der Pflaumenschnaps *(szilva pálinka)* aus Békes, aber auch der Magenbitter Unicum gerechnet. Zweimal jährlich – im Mai und Oktober – werden Schnapsfestivals (Pálinkafesztivál) veranstaltet, bei denen man auch herzhafte ungarische Wurstspezialitäten probieren kann. Das **Haus des Ungarischen Schnapses** (Magyar Pálinka Háza, VIII., Rákoczi út 17, Tel. 421-5463) hat das umfassendste Sortiment an ungarischen Pálinka-Sorten.

Vegetarisch

Napfényes Étterem ●●
Köstliche vegetarische Speisen im Kellerlokal. Mit Bioladen.
- VII. | Rózsa u. 39 | Pest
- Tel. 313-5555
- www.napfenyesetterem.hu
- Tgl. 12–22.30 Uhr

Koscher gekocht

Traditionelle jüdische Gerichte wie Scholet probiert man am besten im **Carmel Glatt Restaurant** › S. 113, in der **Kantine Kádár** › S. 115 oder im **Restaurant Fülemüle** ●● (VI., Köfaragó u. 5, Tel. 266-7947, www.fulemule.hu, Mo–Do 12–22, Fr, Sa 12–23 Uhr).

Shopping

Berühmteste Einkaufsstraße der Stadt ist bis heute die **Váci utca**, benannt nach dem Vácer (Waitzener) Tor, das am Vörösmarty-Platz stand. Die meisten internationalen **Modefirmen** haben hier oder in der Nachbarschaft Dependancen. Ungarns Designer gehören zur Spitzenklasse, aktuellen Trends kann man in kleinen **Designerläden** nachspüren. Das beste **Musikfachgeschäft** Budapests liegt um die Ecke am Servita tér. Zum schönsten Schaufenster der Stadt deklarierte man die Andrássy út mit ihren **Nobelboutiquen**.

In der Nähe des Parlaments, in und um die Falk Miksa utca befinden sich **Antiquitätengeschäfte** und Trödelläden. Sie laden zum Stöbern zwischen wertvollen Möbeln, Gemälden, Porzellan und Nippes ein. Die **Buchhandlungen** der Innenstadt führen auch fremdsprachige Literatur. In gemütlichen Sitzecken oder integrierten Cafés kann man die neuesten Romane Probe lesen.

Ungarn rühmt sich einer überaus vielfältigen **Volkskunst**. Beliebte Mitbringsel sind typische Stickereien und Spitzen aus verschiedenen Regionen des Landes. Gefragt ist auch die bäuerliche Töpferkunst – ein schönes Souvenir ist z.B. ein Miska-Weinkrug. Überall im Stadtzentrum trifft man im Sommer auf kleine Basare, auf denen meist Siebenbürger Ungarn in Trachten Tischdecken, Blusen oder Holzspielzeug anbieten. Filialen der weltbekannten ungarischen Porzellanmanufakturen **Herend**, **Hollóháza** und **Zsolnay** findet man in der Innenstadt und in allen Shoppingzentren.

Freunde kulinarischer Genüsse sollten unbedingt einen der herrlichen Budapester **Märkte** besuchen. Ungarns Exportschlager ist die berühmte Salami. Herz und Pick sind die führenden Marken, aber auch Hartwürste aus Gyula und Békéscsaba (*gyulai und csabai kolbász*) sind ein Begriff. Interessant sind die vielen Paprikapulver-Varianten. Ein Tipp für Hobbyköche ist die Paprikapaste in Tuben. Es gibt sie scharf (*erős, csipős*) und mild (*édes*). Die mit Kraut gefüllten Paprikaschoten sind eine preiswerte Köstlichkeit.

Große Einkaufszentren sind normalerweise von 10 bis 22, sonntags bis 20 Uhr geöffnet. Fachgeschäfte schließen wochentags meist gegen 17/18 und samstags um 12/13 Uhr.

REISEPLANUNG › Shopping

Die Shoppingmeile Váci utca in der Pester Altstadt

Bücher

Libri Stúdium Könyvesbolt
Fremdsprachige Buchhandlung mit überwiegend englischer Literatur und gemütlichen Lesesesseln im 2. Stock.
- V. | Váci u. 22 | Pest
- www.libri.hu

Atlantisz Book Island
Wahrlich eine Insel für Bibliophile. Verlagsbuchhandlung mit Schwerpunkten Philosophie, Religion und Geschichte.
- IV. | Anker Köz 1, 3. Stock | Pest
- www.atlantiszkiado.hu

Írók Boltja
Die stimmungsvollste Buchhandlung der Stadt, mit einer Teestube, in der man in aller Seelenruhe schmökern kann.
- VI. | Andrássy ú. 45 | Pest

Große Antiquariate findet man gegenüber dem Nationalmuseum am Múzeum körút › S. 86.

Musik

Rózsavölgyi Zeneműbolt
Musikspezialist seit 150 Jahren: Musikverlag, Noten, Antiquariat. Angeschlossen der Rózsavölgyi Szalon Arts & Café mit Kleinkunstbühne.
- V. | Szervita tér 5 | Pest
- www.szalon.rozsavolgyi.hu

Kaláka Zenebolt
Beste ungarische Folklore und Weltmusik.
- V. | Bárczy István u. 10 | Pest

Porzellan

Apponyi Márkabolt
Fachgeschäft für kostbares Herender Porzellan.
- V. | József Nándor tér 11 | Pest

Ajka Kristály Zsolnay Márkabolt
Hier werden Bleikristall aus Ajka sowie Produkte der Zsolnay-Manufaktur angeboten.
- V. | Kossuth Lajos u. 10 | Pest

Modedesign

Printa Budapest
Erster Budapester Concept-Store, in dem sich alles um Öködesign dreht.
- VII. | Rumbach Sebestyén u. 10 | Pest
- www.printa.hu

Mono Fashion
Innovative Modeläden mit Entwürfen und Accessoires aufstrebender Designertalente.
- V. | Kossuth Lajos u. 20 | Pest
- www.monofashion.hu

Schuhe

Vass Cipő
Der Schuhdesigner László Vass verkauft im Herzen von Pest wie anno dazumal handgenähte Herrenschuhe – in Einzelanfertigung auch nach Maß.
- V. | Haris köz 2 | Pest
- www.vass-cipo.hu

Süßigkeiten

Szamos Marcipán Cukrázda
Die Adresse für das beste ungarische Marzipan. Außerdem gibt es hier leckere Eiscreme.
- V. | Párizsi u. 3 | Pest

Volkskunst

Folkart Centrum
Textilien – Spitzen, Stickereien – das ganze Spektrum ungarischen Kunsthandwerks.
- V. | Váci u. 58 | Pest

Holló Műhely
Atelier für volkstümliches Kunsthandwerk und Möbel; Fundgrube für hübsche Geschenkideen.
- V. | Vitkovics Mihály u. 12
- Pester Innenstadt

Flohmärkte

Ecseri
Budapests größter Flohmarkt findet täglich außer Sonntag weit außerhalb im XIX. Bezirk statt. Auf einem ausgedehnten Gelände wird viel geboten – von Antiquitäten, Uhren, Porzellan und Schmuck bis hin zu Kleidung, Büchern, Spielzeug, Nippes und Elektrogeräten.
- XIX. | Nagykőrösi út 156

Petőfi Csarnok
Am Wochenende wird an der Petőfi-Halle im Stadtwäldchen › S. 107, einem häufig für Konzerte genutzten Jugendzentrum, ein kleinerer Flohmarkt abgehalten (Sa, So 8–14 Uhr).
- XIV. | Zichy Mihály u. 14

Die schönsten Märkte und Einkaufspassagen

- Das Beste und Frischeste aus ganz Ungarn unter Gusseisen und Glas bietet die **Zentrale Markthalle** › S. 85 in der Pester Innenstadt (Vámház krt. 1–3).
- Die modernste und schrillste Budapester **Markthalle** ist die am Lehel tér in Pest.
- Lebendiger Markt und Shoppingcenter in einem – **Mammut** macht's möglich, in der Fény utca bzw. am Széna tér in Buda.
- Ein besonderes Erlebnis ist auch das Mega-Einkaufszentrum **WestEnd City Center** › S. 102 mit Wasserfall und Dachgarten.
- Hinter dem legendären Corvin-Filmpalast ist am **Corvin sétány** eine neue Freizeit-Shopping-Oase entstanden.

Am Abend

Das Budapester Nachtleben ist sehr facettenreich. Man kann es klassisch angehen mit dem Besuch von Oper oder Konzert, romantisch mit Donaufahrt und Burg- oder Altstadt-Bummel bei Lichterglanz, besinnlich mit einem Abendessen bei guter Livemusik, folkloristisch mit Besuch des Tanzhauses und typisch ungarischen Spezialitäten oder heftig mit einer Kneipentour. Budapest bietet fast alles – das Angebot ist überreich.

Die Zahl der Veranstaltungsorte in Budapest wächst unaufhörlich – auch Shopping Malls sind immer häufiger Schauplätze von Kulturevents. Am Feinsten geht es am Pester Broadway, der Andrássy út zu, Trendsetter sind die Lokale am Liszt Ferenc tér, während die Ráday utca als Jazzhochburg gilt. Aber auch stillgelegte Schiffe und Fabrikanlagen werden zu Szenetreffpunkten umfunktioniert. Beliebt bei Jugendlichen und Studenten sind die Ruinenkneipen im VII. Bezirk.

Bars, Pubs und Clubs

Kempinski Hotel Corvinus
Trendsetter-Bars »The Blue Fox« oder »Nobu« – klassische und Signature Cocktails in stylishem Ambiente.
- V. | Erzsébet tér 7–8 | Pest
- www.kempinski-budapest.com
- Tgl. 12–2 Uhr

Becketts
Beliebtes irisches Szenelokal mit Livemusik, Sport auf Monitoren.
- V. | Bajcsy-Zsilinszky ú. 72 | Pest
- Tgl. 12–2 Uhr

Old Man's Music Pub
Bester ungarischer Rock-Pop lockt Einheimische wie Touristen an.
- VII. | Akácfa u. 13 | Pest
- www.oldmans.hu
- Tgl. 15–4, Livemusik 21–23 Uhr

Resti Kocsma
Szenekneipe mit nostalgischem Sozialismus-Flair.
- V. | Deák Ferenc u. 2 | Pest
- Mo–Sa 12–24 Uhr

Alcatraz
Jailhouse-Partys mit Livemusik lokaler Bands und DJs, Musik von R'n'B über Rock und Pop zu Salsa und Jazz.
- VII. | Nyár u. 1 | Pest
- Do–Sa 18–4, Livemusik ab 21/22 Uhr

Beliebter Innenstadt-Club: das Alcatraz

Jazz Garden
Wechselnde Jazz-Konzerte in uriger Umgebung.
- V. | Veres Pálné u. 44 a | Pest
- Mi–Mo 18–24 Uhr

Cactus Juice
Pub und Restaurant mit Wildwest-Feeling am Oktogon.
- VI. | Jokai tér 5 | Pest
- www.cactusjuice.hu
- Mo–Do 12–2, Fr, Sa 12–4, So 16–2 Uhr

Ötkert
Hipper Party-Danceclub bei der Basilika, im Sommer Open-Air.
- V. | Zrinyi u. 4 | Pest
- Mi–Do 12–4, Sa, So 12–5 Uhr

Janis' Pub
Irish Pub mit Live-Gitarrenmusik ab 16 Uhr, Karaoke- und Retropartys.
- V. | Király Pál u. 8 | Pest
- www.janispub.hu
- Mo–Sa 16–3 Uhr

Instant
Fantasy-Feeling in angesagter Ruinenkneipe am Pester Broadway.
- VI. | Nagymező u. 38 | Pest
- Tgl. 12–3 Uhr

Pótkulcs
Gemütlicher kleiner Innenhof-Musikpub unweit vom Westbahnhof.
- VI. | Csengery u. 65/b | Pest
- Do–Sa 17–2.30, So–Mi 17–1.30 Uhr

Dürerkert
Populärer Underground-Treffpunkt am Stadtwäldchen mit Gartenlokal.
- XIV. | Ajtós Dürer sor. 19–21 | Pest
- Tgl. 17–5 Uhr

Fat Mo's Music Club
Traditions-Retro-Musikclub im besten American Style. Blues-, Swing- und Jazz-Livekonzerte ab 21 Uhr.
- V. | Nyári Pál utca 11 | Pest
- www.fatmo.hu
- Di–Do 18–24, Fr, Sa 18–2 Uhr

Außergewöhnliche Treffpunkte

Ruinenkneipe Szimpla Kert
Bekanntester alternativer Treffpunkt der Ruinenszene mit Gartenkino und breit gefächertem Musikprogramm.
VII. | Kazinczy u.14 | Pest
Tgl. 12–3 Uhr

A38
Zur Konzerthalle und Gaststätte umgebauter Frachter am Kopf der Petőfi-Brücke. Im Schiffsbauch finden Pop-Rock-Konzerte ungarischer und internationaler Bands statt.
I. | Pázmány Péter setány | Buda
www.a38.hu

Corvintető
Feiern unter Sternenhimmel über den Dächern der Stadt – im Obergeschoss des Einkaufscenters mit 600 m^2-Open-Air-Terrasse.
VIII. | Blaha Lujza tér 1–2
Pester Innenstadt
www.corvinteto.hu
Di–Sa 20–5 Uhr

Akvárium
Coole Szenerie unter einem Kunstsee im Herzen der City, Kulturzentrum: Konzerte, Nachtclub.
V. | Erzsébet tér 14 | Pest
www.akvariumklub.hu
Mo–Mi 18–2, Do–Sa 18–5,
So 16–2 Uhr

LAND & LEUTE

Seit fast 120 Jahren versorgt die Zentrale Markthalle die Budapester Bevölkerung mit frischen Lebensmitteln

STECKBRIEF

- **Fläche:** 525 km²
- **Geografische Lage:** 47° 30′ nördlicher Breite (etwas südlicher als Wien), 19° 3′ östlicher Länge
- **Einwohnerzahl:** 1,7 Mio. (fast ein Fünftel der ungarischen Bevölkerung)
- **Bevölkerungsdichte:** 3231 Einwohner je km²
- **Bevölkerung:** überwiegend Ungarn, kleinere Minderheiten von Deutschen, Roma, Slowaken und anderen
- **Verwaltungseinheiten:** Budapest ist in 23 Bezirke eingeteilt
- **Sprache:** Ungarisch
- **Religion:** 45 % Katholiken, 13 % Reformierte und andere, ca. 5 % Juden, ca. 20 % ohne Religion
- **Landesvorwahl:** 00 36 (00 36 1 für Budapest)
- **Zeitzone:** MEZ
- **Währung:** Forint (Ft. oder HUF)

Lage

Budapest liegt an der Donau, die an dieser Stelle das ungarische Mittelgebirge verlässt und in das ungarische Tiefland fließt. Die Stadt wird vom Fluss zweigeteilt: in das hügelige und großenteils grüne Buda mit der historischen Burg, dem beliebtesten Ausflugsziel des Landes, auf der westlichen Seite und das wesentlich größere Pest in der Ebene, wo sich die eigentliche City ausdehnt. Geotektonisch gesehen liegt die Stadt auf einer Bruchstelle, deshalb ist besonders Buda so reich an Thermalquellen. Den herrlichsten Panorama-Rundblick über ganz Budapest und weit nach Süden genießt man vom Gellértberg.

Sieben Brücken verbinden heute die beiden Donauufer, die berühmteste ist die Kettenbrücke › S. 90. Zudem überspannen zwei Eisenbahnbrücken den breiten Strom. In Budapest treffen sich fünf Autobahnen; die Umgehungsschnellstraße M0 entlastet die Innenstadt. Außerdem liegen drei große Donauinseln im Stadtgebiet. Die schönste von ihnen ist die Margareteninsel, ein beliebtes Freizeitziel bei Touristen wie Einheimischen.

Staat und Politik

1873 wurde Budapest mit der Vereinigung der drei bis dato unabhängigen Städte Óbuda, Buda und Pest endgültig zur Hauptstadt Ungarns. Buda war schon seit dem 14. Jh. Königsresidenz. Die Hauptstadt ist das politische, wirtschaftliche und kulturelle Zentrum des

Landes. Hier lebt rund ein Fünftel der Bevölkerung. Parlament, Regierung und Staatspräsident residieren in Budapest.

Im Herbst 1989 schnitten die Ungarn ein Loch in den Eisernen Vorhang, um Besuchern aus der DDR die Flucht in den Westen zu ermöglichen. Damit begann für das Land ein entscheidender Umbruch. Schon im Oktober 1989 wurde die Republik ausgerufen; erste freie und geheime Wahlen fanden bereits 1990 statt.

Doch die hohen Erwartungen der Bevölkerung an NATO- und EU-Beitritt haben sich nicht erfüllt. Statt wirtschaftlichem Aufschwung, gesellschaftlichen und sozialen Reformen erlebte sie immer wieder politisches Versagen, Skandale und Korruption. Die Ungarn quittierten dies mit ständigem politischem Wechsel bei den Parlamentswahlen, was 2010 dem christlich-konservativen Bündnis (FIDESZ/KDPN) unter Viktor Orbán einen erdrutschartigen Wahlsieg bescherte. Auch dessen Regierungsstil bietet reichlich Anlass zur Kritik, wiewohl die Mehrheit der Ungarn die negative internationale Berichterstattung über ihr Land als Missinterpretation empfindet.

Wirtschaft

Budapest zählt zu den Finanzmetropolen Europas, alle bedeutenden Banken haben hier Niederlassungen. Die Wirtschaft steht allerdings in hartem Überlebenskampf gegen die globale Konkurrenz. Das hohe Ausbildungsniveau bei niedrigen Löhnen lockte Großkonzerne aus aller Welt ins Land. In den Außenbezirken Budapests entstehen immer neue Gewerbegebiete, exklusive Shoppingmalls eröffnen in der Innenstadt. Internationale Handelsketten überfluten das Land mit Super- und Hypermärkten. Über mangelnde Konsumangebote kann man nicht mehr klagen, wohl aber über steigende Preise, stagnierende Einkommen und eine niedrige Erwerbsquote bzw. hohe Jugendarbeitslosigkeit. Der Trend zur Arbeitssuche im Ausland nimmt zu.

Die weltweite Wirtschafts- und Finanzkrise trifft auch Ungarn schwer. Die meisten ungarischen Exporte gehen in die EU bzw. nach Deutschland. Dementsprechend hoch sind die Erwartungen an eine dortige Krisenbewältigung und Konjunkturbelebung. Drastische Sparpakete wurden aufgelegt, vor allem aber neu auf den Weg gebrachte Reformen sollen den inländischen Markt beleben.

Tourismus

Budapest lebt vom Tourismus. Jährlich bevölkern über 15 Mio. Besucher vor allem die Gassen des Burgviertels. Stadt und Staat investieren unablässig in neue Kultur- und Touristikeinrichtungen sowie in die Verbesserung der Infrastruktur. Darüber hinaus bietet die ungarische Hauptstadt das ganze Jahr über hochkarätige Kultur-Events in allen Sparten und für alle Altersgruppen, seien es das BudaFest, der große Opernball oder das Sziget Festival › S. 53 auf der Óbudaer Insel.

Geschichte im Überblick

5000 v. Chr. In der Jungsteinzeit beginnen Einwanderer aus dem Balkan mit Ackerbau und Viehzucht und dem Töpfern.
600 v. Chr. Die Skythen, ein Nomadenvolk aus der Schwarzmeerregion, lassen sich nieder, ebenso die Illyrer.
400 v. Chr. Keltische Erawisker erobern die Region und vermischen sich nach langen Kämpfen mit den Skythen und Illyrern. Die keltische Siedlung Ak-ink (»wasserreich«) stand am Budapester Donauufer.
10 v. Chr. Die Römer dringen ein und gründen unter Kaiser Tiberius die Provinz Pannonia.
194 Aquincum, die Römerstadt beim heutigen Óbuda, wird unter Kaiser Septimus Severus zur Colonia Pannonia Inferior erklärt und hat über 30 000 Einwohner.
409 Nach der Reichsteilung beginnt der Zerfall des Weströmischen Reiches. Die Hunnen unter König Attila vertreiben die Römer, ziehen sich aber 50 Jahre später wieder zurück.
567 Die Awaren, ein asiatisches Reitervolk, fallen ein, drängen nach Westen bis Thüringen vor. Entlang der Donau werden immer wieder neue Siedlungen gegründet.
803 Kaiser Karl dem Großen gelingt es, das Reich der Awaren zu zerschlagen; erste slawische Siedler lassen sich auf dem Gebiet des heutigen Budapest nieder.
896 Die Magyaren, ein Reitervolk, kommen aus dem mittleren Ural und erobern unter Führung des legendären Árpád das Land. Sie lassen sich am rechten (Budaer) Donauufer nieder. Dieses Datum, die so genannte »Landnahme«, gilt heute als Geburtsjahr Ungarns.
1001 Stephan I., der Heilige, ein Nachkomme Árpáds, wird zum ersten König Ungarns gekrönt.
1150 In der zweiten Hälfte des 12. Jhs. nimmt die wirtschaftliche Bedeutung von Buda und Pest zu.
1222 Die Rechte des Adels werden in der »Goldenen Bulle« von König Andreas II. erweitert.
1242 Im Februar brennen die Mongolenscharen Batu Khans Pest und Buda nieder. In den Chroniken taucht Altofen auf, eine von Deutschen bewohnte Stadt, das heutige Óbuda.
1308 Karl I. (Caroberto) aus dem Hause Anjou wird zum König gekrönt und verlegt seine Residenz nach Visegrád.
1347 Unter König Ludwig I. »dem Großen« wird Buda wieder Königsstadt und gelangt zu wirtschaftlicher Blüte.
1387 Sigismund von Luxemburg wird König von Ungarn und 1433 auch Kaiser des Heiligen Römischen Reiches Deutscher Nation.
1446 Feldherr János Hunyadi wird zum Reichsverweser bestellt. Er kann die angreifenden Türken abwehren.
1458 Matthias Corvinus, Hunyadis Sohn, wird vom Reichstag zum König gewählt und in der Matthiaskirche gekrönt.

1514 Ein Bauernaufstand gegen die Unterdrückung durch den Adel wird blutig niedergeschlagen.
1526 Die Türken unter Sultan Süleiman II. zerstören Buda, ziehen aber wieder ab.
1541 Süleiman II. »der Prächtige« greift erneut an und okkupiert die Stadt. Die Türken setzen sich für 145 Jahre fest. Moscheen und Bäder werden gebaut, viele Einwohner versklavt.
1686 Das deutsch-österreichische Heer unter Karl von Lothringen erobert die Stadt. Die Habsburger Herrschaft beginnt und damit die Unterdrückung der ungarischen Bauern und des niederen Adels. Buda und Pest werden wieder aufgebaut, viele deutsche Händler und Handwerker siedeln sich an.
1703 Fürst Ferenc Rákóczi II. erzielt mit seinem Bauernheer beachtliche Erfolge im Kampf gegen die Habsburger.
1710 Nachdem Russland und Frankreich Rákóczi ihre Unterstützung verweigert haben, wird der Aufstand niedergeschlagen.
1730 In Buda erscheint die erste deutschsprachige Zeitung, der «Ofnerische Mercurius».
1741 Maria Theresia wird Königin von Ungarn. Sie richtet u. a. 1752 einen Postkutschendienst nach Wien ein und reformiert das Unterrichtswesen.
1766 Die erste Schiffsbrücke zwischen Buda und Pest wird gebaut.
1780 Maria Theresias Sohn Joseph II. wird Thronfolger. Vier Jahre später führt er Deutsch als Amtssprache ein.

Die Krönungsinsignien Stephans I.

1802 Die Széchényi-Bibliothek und das Ungarische Nationalmuseum werden gegründet.
1838 Bei einem Hochwasser kommen fast 70 000 Menschen ums Leben, große Teile beider Städte werden überflutet.
1848 Der Dichter und spätere Volksheld Sándor Petőfi und die »Märzjugend« rufen durch das öffentliche Zitieren des »Nationalliedes« und die Proklamation der »Zwölf Punkte« die »Märzrevolution« aus.
1849 Die Habsburger schlagen mit Hilfe des zaristischen Russland den Freiheitskampf blutig nieder, Sándor Petőfi fällt.
1851 Der Gynäkologe Ignác Semmelweis entdeckt den Erreger des Kindbettfiebers.
1867 Österreich-Ungarischer Ausgleich, die Doppelmonarchie entsteht. Franz Joseph I. und Elisabeth (»Sissi«) werden in der Matthiaskirche zum Königspaar von Un-

garn gekrönt. Graf Andrássy wird ungarischer Ministerpräsident.
1873 Die Städte Buda, Pest und Óbuda werden zur Hauptstadt Budapest vereinigt.
Ab 1876 Die große Blütezeit Budapests beginnt: Der Große Ring wird gebaut, ferner das Parlament, der Westbahnhof, die Zentrale Markthalle und die »Kleine U-Bahn«.
1884 Eröffnung des Ostbahnhofs und des Opernhauses.
1896 Große Feierlichkeiten anlässlich des 1000. Jahrestages der Landnahme. Das Parlamentsgebäude wird eingeweiht.
Ab 1900 Wachsende Unzufriedenheit der Arbeiter. Es kommt immer wieder zu Massenkundgebungen und Aufständen.
1914 Erster Weltkrieg. Unter den Fahnen der Habsburger müssen die Ungarn an der Seite Österreichs in den Kampf ziehen. 380 000 Soldaten fallen.
1918 Die Doppelmonarchie zerfällt; in Ungarn wird die Republik ausgerufen.
1919 Ungarn wird für 133 Tage Räterepublik. Rumänische Truppen besetzen Budapest.
1920 Durch das Abkommen von Trianon (Versailles) verliert Ungarn mehr als zwei Drittel seines Staatsgebietes. Admiral Miklós Horthy wird zum Reichsverweser ernannt.
Um 1930 Weltwirtschaftskrise, Arbeitslosigkeit, Aufkommen einer faschistischen Bewegung.
1941 Kriegseintritt Ungarns an der Seite Hitler-Deutschlands. Zunehmender Antisemitismus.
1944 Versuch der Loslösung von Deutschland. Einmarsch deutscher Truppen in Budapest. Deportierung der jüdischen Bevölkerung. Fast 500 000 ungarische Juden werden ermordet.
1945 Die Deutschen sprengen alle Brücken. Schwere Schäden durch amerikanische Bombenangriffe. Besetzung der Stadt durch sowjetische Truppen.
1946 Ungarn wird Republik. Instandsetzung der Freiheitsbrücke.
1949 Ungarn wird kommunistische Volksrepublik. Moskau installiert den Ostblock. Stalinistische Säuberungsaktionen unter Rákosi.
1953 Imre Nagy wird ungarischer Ministerpräsident, bleibt aber nur bis 1955 im Amt.
1956 Am 23. Oktober Volksaufstand. Kämpfe in der Stadt. Blutige Niederschlagung durch sowjetische Streitkräfte mit Panzern. Neue Regierung unter János Kádár, Massenverfolgung der Konterrevolutionäre. 250 000 Ungarn fliehen.
1958 Imre Nagy wird als Hochverräter hingerichtet.
Ab 1970 Tauwetter in Ungarn: sogenannter »Gulaschkommunismus« unter János Kádár.
1989 Ungarn öffnet den Eisernen Vorhang für Bürger der DDR. Am 23. Oktober Ausrufung der Republik Ungarn.
1999 Die ersten freien Wahlen gewinnt das Ungarische Demokratische Forum (MDF).
1999 Ungarn tritt mit Polen und Tschechien der NATO bei.
2004 Ungarn wird Mitglied der Europäischen Union.

Natur & Umwelt ‹ LAND & LEUTE

Blick von der Zitadelle über Budapest

2006 Ein Politskandal der MSZP-Regierung löst in Straßenschlachten gipfelnde Proteste aus.
2007 Beitritt Ungarns zum Schengener Abkommen.
2010 Die liberale Partei FIDESZ gewinnt mit Zweidrittelmehrheit die Parlamentswahlen. Hochwasser- und Umweltkatastrophe durch Bauxitschlamm.
2011/2012 Von der Regierung Orbán vorgenommene Änderungen des Mediengesetzes und der Verfassung ernten im In- und Ausland Kritik.
2013 Jüdischer Weltkongress in Budapest setzt Zeichen gegen Antisemitismus. Hochwasserkatastrophe entlang der Donau.

Buchtipp: Ungarn in der Nußschale: Geschichte meines Landes, von György Dalos (Beck'sche Reihe, 2005). Brillant geschriebener Überblick über die Geschichte Ungarns vom preisgekrönten Schriftsteller.

Natur & Umwelt

Budapest und seine Umgebung zählen zu den reizvollsten Fluss-Stadt-Landschaften Europas. Nach einer 1200 km langen Reise durchfließt die Donau die ungarische Metropole vom malerischen Donauknie in Richtung Süden in einer Breite von 400–500 m und ca. 3 m Tiefe, durchsetzt von kleinen Inselchen. Gleichzeitig verlässt sie das waldreiche, hügelige ungarische Mittelgebirge und tritt in die Große Tiefebene ein. So umfasst Budapest zwei geografische Großräume.

Grüne Lunge und größtes Naherholungsgebiet der Stadt sind die **Budaer Berge** › S. 131 mit ihren ausgedehnten arten- und tierreichen Mischwäldern, streng geschützten Grassteppen, Obstgärten und ausgedehnten Villenvierteln. Hier liegen zahlreiche Landschaftsschutzgebiete unter der Verwaltung des Nationalparks Duna-Ipoly, z. B. der Sas-Berg, die Kette des Szénás-Gebirges, an dessen Dolomithängen der weltweit einzigartige Piliser Lein wächst. Auch stehen die beeindruckenden Budaer Höhlen unter besonderer Aufsicht. Lehrpfade und ein weites Netz an Wanderwegen erschließen das weiträumige Gebiet.

Auch der Innenstadtbereich weist vielerorts naturnahe Oasen auf, allen voran die Parkanlagen der **Margareteninsel** › S. 118 und des **Stadtwäldchens** › S. 107. Lange blieb der stadtnahe Raum überwiegend ländlich, gar bäuerlich geprägt. Im Gefolge des rasanten Wachstums der Metropole entwickelt sich die Wirtschaft der Vororte zunehmend hin zu Dienstleistung, Gewerbe und Handel.

Wie alle Großstädte kämpft Budapest mit dem Verkehrchaos und der Luftverschmutzung. Zur Rushhour erweisen sich die Donaubrücken oft als unüberwindbares Nadelöhr. Der Ausbau der Umgehungsautobahn M0 konnte diese Probleme bislang nur teilweise lösen. Viele der veralteten Großindustrieanlagen im Stadtzentrum wurden mittlerweile stillgelegt – teilweise in Freizeitanlagen oder Kulturzentren umgewandelt – oder mit Hilfe ausländischer Investoren modernisiert. Erklärtes Ziel der Regierung ist es, die vorgegebenen EU-Umweltstandards schnellstmöglich zu erreichen. Dabei stehen Abwasserbehandlung, Abfallwirtschaftsprojekte und Beseitigung von Umweltschäden an erster Stelle. Auch bemüht man sich, ein stärkeres Umweltbewusstsein in der Bevölkerung zu entwickeln.

Die Menschen

Budapest ist eine Metropole mit vielen Gesichtern – und ebenso vielschichtig ist seine Bevölkerung. Laut Volkszählung 2001 bezeichnen sich über 90 % der Einwohner als Ungarn. Auf den früher beträchtlichen Anteil an Donauschwaben, die bis Mitte des 19. Jhs. die Bevölkerungsmehrheit in Buda und Óbuda und bis zur Vertreibung nach 1945 in den schwäbischen Randgemeinden wie Budaörs (Wudersch) und Budakeszi (Wudigeß) stellten, weist die heute noch auffällig große Zahl deutscher Familiennamen hin. Deutsch als Muttersprache sprechen jedoch nur noch wenige. Im Pester Außenbezirk sowie im Pilisgebirge leben bedeutende slowakische Minderheiten. Die jüdische Bevölkerung erfuhr in den letzten Jahrzehnten vor allem durch Zuwanderung aus dem Ausland einen beträchtlichen Aufschwung. Der (im Gegensatz zur Gesamtbevölkerung wachsende) Anteil

Schachspieler im Széchenyi-Bad

der Roma ist mit etwa 4 % sicher zu gering erfasst; staatliche Förderprogramme bemühen sich um eine verbesserte Integration dieser gesellschaftlichen Randgruppe. Gastarbeiter kennt man in Ungarn kaum; meist handelt es sich um Ungarn aus den angrenzenden Nachbarstaaten.

Eine Ausnahme stellen die Chinesen da, die nach Abschaffung der Visumspflicht 1989 ins Land strömten, den Billig-Textilmarkt innerhalb kurzer Zeit dominierten und Chinatown Budapest als Brückenkopf für den Handel mit Europa nutzen.

Buchtipps: Die Paprikantin: Ungarn für Anfänger, von Lysann Heller (Ullstein Taschenbuch, 2008). Heiterer, selbstironischer Roman über erste Kontakte mit der ungarischen Sprache sowie den Charme und Eigensinn der Ungarn.

Ein Ungar kommt selten allein: Der Magyarenspiegel aufpoliert, von Georg Kövary (Verlag Starks-Sture, 2006) Humoristisches Standardwerk zur ungarischen Denk- und Lebensweise und zugleich eine Hommage an diese.

SEITENBLICK

Fremdsprachen in Budapest
Das Ungarische ist einzigartig in Europa und seine grammatikalische Struktur weicht von anderen Sprachen ab – für Urlauber ein unüberwindliches Hindernis. Doch freut die Ungarn jeder Versuch, zumindest einige ihrer Wörter zu erlernen › S. 144. Im alltäglichen Leben, in Hotels, Cafés und Restaurants kommt man in Budapest mit Deutsch gut zurecht. Museen, Ausstellungen und Infobroschüren haben allerdings meist auf Englisch als EU-Standard umgestellt.

Kunst & Kultur

Architektur

Buda, Pest und Óbuda waren über Jahrhunderte hinweg von fremden Mächten besetzt, die ungarische Kultur daher vielen äußeren Einflüsse ausgesetzt, ob in Architektur, Sprache, Musik oder Malerei.

Schon die Römer brachten ihre Hochkultur in die Stadt Aquincum, schufen kunstvolle Mosaiken oder versahen ihre Häuser mit Fußbodenheizungen. Im 13. Jh. fand die Gotik Eingang in die Architektur. Beispiele sind die gotischen Sitznischen in den Torgängen der alten Häuser auf dem Burgberg, die einst Nachtwächtern zum Ausruhen dienten. Viele Bauten haben gotische Elemente, etwa die **Matthiaskirche** › S. 62 oder das Wohnhaus auf dem Burgberg in der Tárnok utca 14.

König Matthias hatte sich im 15. Jh. der Renaissance verschrieben. Er veranlasste den Bau vieler Gebäude in diesem Stil; die meisten jedoch wurden von den Türken zerstört oder umgestaltet.

Schmidl-Mausoleum auf dem Jüdischen Friedhof: Jugendstil par excellence

Die Zeit der türkischen Besetzung im 16. und 17. Jh. hinterließ Spuren, vor allem in Budapest. Am meisten erinnern die moscheeartigen **Heilbäder** › S. 69 mit ihren Kuppeln an diese Zeit, »Orientalische Tempel der Wasserlust«. Auch die **Kaffeehäuser** › S. 78, die nach 1900 ihre Blüte hatten, gehen auf türkische Einflüsse zurück. Nach der Vertreibung der Türken kam die große Zeit des Barock. Unzählige Gebäude wurden in diesem Stil errichtet, so das Budaer Rathaus oder die Pfarrkirche in Pest.

Jugendstil in Budapest

Die Zeit um 1900: Gerade erst hatte man die 1000-Jahr-Feiern hinter sich, pompöse Bauten wie das Parlament, der Westbahnhof, die Elisabethbrücke, die Andrássy út und der gesamte Große Ring waren entstanden. Den Menschen ging es gut, besonders in Intellektuellen-Kreisen herrschte Hochstimmung.

Budapest war ein idealer Nährboden auch für die Baukünstler. Noch vor 1900 schwappte aus Westeuropa ein neuer Baustil nach Ungarn hinüber. In Frankreich hieß er Art Nouveau, in Italien Stile Liberty, in Deutschland Jugendstil. In Budapest nannte man ihn wie in Wien Sezession. Genügend Geld war vorhanden, die Köpfe der Architekten steckten voller neuer Ideen und die Bauherren zogen mit.

Eine Schlüsselfigur des Sezessionsstils war der Architekt Ödön Lechner (1845–1914). Er hatte auf Reisen orientalische und osmanische Baudenkmäler studiert und war fasziniert davon. In seine Entwürfe ließ er Schmuckelemente der östlichen Kunst, aber auch der ungarischen Volkskunst einfließen. Gern griff er auf einheimische Materialien zurück.

Jugendstilfassade mit anmutigen Pflanzenornamenten

Neben vielen anderen zeugen exemplarisch drei Gebäude von der Lust des Architekten am Experiment: das Geologische Institut, das Kunsthandwerksmuseum und die Postsparkasse im Regierungsviertel. Sie alle sind um 1900 entstanden und spiegeln – nach gründlicher Restaurierung – den unerschöpflichen Ideenreichtum des Baukünstlers wider. Die Fassade des Kunsthandwerksmuseums mit den bunten Zsolnay-Fliesen ist eine Mischung von Einflüssen aus Indien, Italien und Ungarn, ein Spiel bunter Farben, die Realisierung eines Traums. Lechners Meisterwerk stellt die **Postsparkasse** (1899–1902) › **S. 93** dar. Auch hier ließ er alle Register seiner Fantasie spielen: Er deckte das Dach vierfarbig, gelbe Majolika-Wellen schwappen über den Giebel, geschmückt mit bunten Bienen, Blumen, Engeln und türkischen Turbanen. Ein geniales Sammelsurium, beredtes Zeugnis des damaligen Lebensgefühls.

Nach dem Vorbild von Bauten Lechners entstanden Wohnhäuser mit verspielten Giebeln und Fenstern, verschnörkelte Dampfbäder sowie bunte Elefantenhäuser im **Zoo**. In der Nachfolge Lechners nahm Károly Kós Motive der bäuerlichen siebenbürgischen Bauweise auf. Selbst vor den Friedhofstoren machte die Mode nicht halt. Lechners bedeutendster Schüler Béla Lajta schuf auf dem Jüdischen Friedhof einige herausragende Werke, darunter das berühmte **Schmidl-Mausoleum** › S. 135. In wenigen Jahren war Budapests Stadtbild von der Sezession geprägt. Kurz nach 1900 war der Traum jedoch ausgeträumt, die Bauherren hatten genug von kühnen Gedanken und kunterbunten Farben. Man baute nun im Stil des Neobarock. Lechner war bald vergessen. Was blieb, sind steinerne Traumgebilde, Beweis dafür, dass Architektur nicht allein dazu da ist, den Menschen ein Dach über dem Kopf zu geben.

Moderne Architektur

Als Kontrast zum sozialistischen Plattenbaustil bildete sich in den 1980er-Jahren um Imre Makovecz eine neue Schule der Architektur heraus. Sie nannte sich Organische Architektur und griff in ihrer Form auf die traditionelle ungarische Bauweise zurück.

Seit der Wende stellten die Umwandlung stillgelegter Fabrikanlagen zu Shopping- und Kulturzentren, die Realisierung neuer Büroboulevards sowie eines neuen Millennium-Stadtviertels bei der Rákóczi-Brücke Herausforderungen an die Architektur. József Finta, Oberstadtbaurat und Planer des spektakulären **WestEnd City Centers** › S. 102, versteht sich als Vertreter einer Anpassungsarchitektur im positiven Sinne, d. h. der Integration moderner Gebäude in das historische Stadtbild Budapests.

Mit dem postmodernen Bau des **Nationaltheaters** (Nemzeti Színház, www.nemzetiszinhaz.hu) und dem angrenzenden **Palast der Künste** (Művészetek Palotája, www.mupa.hu) stehen Künstlern aller Genres in Budapest Weltbühnen mit Spitzentechnologie zur Verfügung.

Ein Werk der Architektin Mária Siklós: das Nationaltheater

Dichtung und Musik

Im 18. Jh. entwickelte sich in Auflehnung gegen die Habsburger Vorherrschaft erstmals eine nationale ungarische Kultur. Die erste ungarischsprachige Zeitung erschien, das Budaer Burgtheater wurde eröffnet und spielte ungarische Stücke. 1810 wurde das Ungarische Nationalmuseum gegründet.

Im Vorfeld der Revolution von 1848 breitete sich wie im übrigen Europa auch der Wunsch nach nationaler Eigenständigkeit aus. Dichter wie Sándor Petőfi, Mihály Vörösmarty oder János Arany wurden mit ihren patriotischen lyrischen Werken zu gefeierten Volkshelden. Um diese Zeit entstand eines der wichtigsten Werke der ungarischen Literatur: »Bánk bán« von József Katona, ein historisches Drama in ungarischer Sprache, das von der österreichischen Zensur verboten wurde. Das Werk »Die Tragödie des Menschen« von Imre Madách nimmt in der ungarischen Literatur etwa den gleichen Platz ein wie Goethes »Faust« in der deutschen.

Das Burgviertel, widergespiegelt von der Glasfassade des Hilton Hotels

Gegen Ende des 19. Jhs. taten sich die Komponisten hervor. Franz Liszt führte in der Matthiaskirche die Krönungsmesse auf und gründete zusammen mit Ferenc Erkel die Musikakademie. Joseph Haydn weilte oft in der Stadt. Anfang des 20. Jhs. war Budapest ein wichtiger Kristallisationspunkt ungarischer und europäischer Kultur. Der Jugendstil feierte Triumphe in der Baukunst. Gerade waren anlässlich der Millenniumsfeiern (1896) die Oper, das Nationaltheater, das Lustspieltheater und die Redoute fertiggestellt worden.

Zentrum europäischer Kultur

Viele Künstler »Kakaniens«, wie dereinst Robert Musil das k. u. k. Reich bezeichnete, ließen sich in der Stadt nieder, trafen sich in Clubs zum Disputieren und Feiern. 1908 gründete der Lyriker Endre Ady die Zeitschrift »Nyugat« (Westen), die viele Jahre lang das literarische Leben in der Donaustadt prägte. Das legendäre **Kaffeehaus New York** › **S. 79** war Treffpunkt der Schöngeister. Auch die Operette fand immer mehr Freunde. Emmerich Kálmán wurde zum Volksliebling, seine »Csárdásfürstin« füllte die Häuser.

Nach dem Versailler Friedensvertrag (1920) verlor Ungarn zwei Drittel seines Staatsgebiets und auch das kulturelle Zentrum Siebenbürgen an die Nachbarstaaten. Es begann eine schwere Zeit für das Land. In den 1930er-Jahren emigrierten viele Künstler und Intellektuelle angesichts des aufziehenden Faschismus. Andere, wie der Dichter Attila József, der Lyriker Gyula Illyés oder der Dramatiker László Németh, versuchten dagegen anzuschreiben – vergebens. Im Zweiten Weltkrieg wurden viele der jüdischen Künstler ermordet, so auch Miklós Radnóti, der seine schrecklichen Erlebnisse während der Verschleppung im Gedicht »Gewaltmarsch« beschrieb. Man fand es bei seiner Exhumierung in der Tasche seines Mantels.

Im kommunistischen Nachkriegsungarn wurden bald Zeitungen und Zeitschriften verboten, und die politische Gleichschaltung wirkte sich auch auf die Literatur aus. Als offizielle Doktrin dominierte der sozialistische Realismus. Bedeutende Autoren flüchteten sich in historische Stoffe oder verstummten.

Einer Reihe von Dissidenten gelang die Publikation ihrer Werke im Ausland, z. B. György Konrád, dessen Erstlingswerk »Der Besucher« (1969) später auch verfilmt wurde, sowie György Dalos und Péter Esterházy. Die Verleihung des Karlspreises 2001, des Franz Werfel-Menschenrechtspreises 2007 an Konrád und des Nobelpreises für Literatur an Imre Kertész rückten die neuere ungarische Literatur endgültig ins internationale Blickfeld. Einen festen Platz auf dem deutschsprachigen Buchmarkt eroberten sich auch die Romane von Sándor Márai und Péter Nádas (weitere ungarische Autoren in deutscher Übersetzung unter www.perlentaucher.de).

Junge Musik-, Literatur- und Filmszene

Ab den 1970er-Jahren machten sich die Regisseure István Szabó (»Mephisto«), Miklos Jancsó und Márta Mészáros international einen Namen. 1989 erhielt Ildikó Enyedi für ihren einfühlsamen Film »Mein 20. Jahrhundert« die Goldene Kamera bei den Filmfestspielen in Cannes. Auf der Berlinale hatte Béla Tarrs neuester Film »Das Turiner Pferd« 2011 Weltpremiere, der Regisseur selbst wurde mit dem Großen Preis der Jury ausgezeichnet. Ebenso wie Jungfilmer Bence Fliegauf 2012 mit seinem Beitrag »Nur der Wind«, der zudem noch den Friedens- und Amnesty-Filmpreis bekam.

Nicht Talent und Können, eher die Sprachbarrie verhinderte den großen weltweiten Erfolg legendärer ungarischer Rockbands wie Omega, LGT und anderer Interpreten des »Ostbeats«. Im Inland sind die Gruppen dafür umso populärer. Die aufwendigen Rockopern »István, a király« (König Stephan) und »Attila« haben längst Kultstatus. In allen Sparten der Musikszene sind die Ungarn mit eigenen Gruppen und Bands ausgezeichnet besetzt. Beim Eurovision Song Contest 2013 sang sich ByeAlex mit seinem selbstgeschriebenen, poetisch-romantischen Lied »Kedvesem« besonders in die Herzen der deutschen Zuschauer.

Musik ‹ SPECIAL ‹ LAND & LEUTE

SPECIAL
Weltmetropole der Musik

Budapest ist das Zentrum des regen Theater- und Musiklebens in Ungarn. Hier residieren die Ungarische **Staatsoper** und das Ungarische **Staatsballett** in einem der schönsten Opernhäuser der Welt. Hier gibt es die prunkvollsten Konzertsäle für klassische Musik, z. B. in der Franz-Liszt-Musikakademie und der Pester Redoute. Operettenliebhaber und Musicalfans können unter namhaften Bühnen wählen. Die Paradestücke der ungarischen Operette von Kálmán, Lehár und Huszka stehen immer auf dem Programm, auch in deutscher Sprache.

Von Juni bis August finden die Promenadenkonzerte in der Burg großen Zulauf. Stimmungsvoller Schauplatz der **Folklorevorführungen** des Ungarischen Staatlichen Volkstanzensembles in ungarischen Trachten ist die Budaer Redoute.

Zum größten Open-Air-Musikfestival avancierte das **Sziget Festival** auf der Werftinsel von Óbuda › S. 127. An die 400 000 Fans reisen alljährlich zu diesem Event mit vielen Weltstars aus Pop und Rock an. Die **Theater- und Konzertsaison** dauert gewöhnlich von September bis Juni. Im Juli und August gibt es Open-Air-Veranstaltungen auf allen Freiluftbühnen.

Folklore als Protest

In den 1970er-Jahren entstand die Tanzhausbewegung als Form des friedlichen Protestes gegen die Gleichschaltung. Man traf sich, um gemeinsam zu musizieren und unter Anleitung von Vortänzern Traditionstänze zu lernen. Die Folkgruppe **Muzsikás** und die Sängerin **Márta Sebestyén** gehören seit Jahrzehnten zur Spitzenklasse.

LAND & LEUTE › SPECIAL › Musik

Tanzhäuser leben von der reinen Freude an der Musik und dem Willen mitzutanzen. Oft ergibt es sich ganz spontan bei Auftritten und Konzerten. Denn die ungarischen Melodien sind einfach mitreißend – es bildet sich ein Kreis, man stellt sich dazu und folgt den Schritten der anderen.

Oper, Operette

- **Budapesti Operettszínház**
  Das renommierteste Operettentheater.
  VI. | Nagymező u. 17–19 | Pest
  Tel. 312-4866
  www.operettszinhaz.hu
- **Magyar Állami Operaház (Staatsoper)**
  Hervorragende Operninszenierungen in stilvoller Atmosphäre › S. 99.
  VI. | Andrássy ú. 22 | Pest
  Tel. 332-7914
  www.opera.hu

Klassische Musik

- **Zeneakadémia (Musikakademie)**
  Klassische Konzerte im Jugendstilsaal.
  VI. | Liszt Ferenc tér 8 | Pest
  Tel. 321-0690
  www.zeneakademia.hu

Folklore und Tanzhaus

- **Nemzeti Tánc Színház**
  I. | Színház u. 1–3 | Buda
  Tel. 201-4407
  www.tancszinhaz.hu
- **Fővárosi Művelődési Ház (Hauptstädtisches Kulturhaus)**
  Ungarische und internationale Folklore mit Tanzhaus.
  XI. | Fehérvári u. 47
  Tel. 203-3868

Ungarische Volksmusik

Die Ungarn sind eine Musiknation. Ungewöhnlich reich ist der Volksliedschatz; seine Eigentümlichkeit liegt in der Pentatonik, die die Ungarn aus ihrer asiatischen Urheimat nach Europa mitbrachten. **Béla Bartok** und **Zoltán Kodály** sammelten das archaische Liedgut Anfang des 20. Jhs. und publizierten es, auch in ihre einzigartigen modernen Kompositionen fand es Eingang.

Programminfos und Tickets

Kostenlose Programmzeitschriften liegen in Hotels und Restaurants aus. Gute Veranstaltungstipps geben auch die deutschsprachigen Blätter »Budapester Zeitung« (www.budapester.hu) und »Pester Lloyd« (www.pesterlloyd.net). Eintrittskarten für Veranstaltungen kann man online buchen, beispielsweise über www.jegyelado.hu, www.ticket.info.hu und www.hungariakoncert.hu. Direktverkauf:

- **Zentrale Kartenvorverkaufsstelle**
  VI. | Paulay Ede ú. 31 | Pest
  Tel. 322-0000
  Mo–Fr 9–18 Uhr

Feste & Veranstaltungen

In der Landeshauptstadt ist das ganze Jahr über etwas los. Um den Gästen aus aller Welt auch außerhalb der Hauptsaison etwas zu bieten, finden immer mehr Festivals im Frühling oder Herbst statt. Selten sind die Budapester ganz unter sich.

Festkalender

Januar: Bälle der Ungarndeutschen. Zum **Bindelball** bringt man sein »Bündel«, gefüllt mit Essen und Trinken, selbst mit.

Februar: Großer **Opernball** in der Staatsoper, Faschingsbälle.

März: Budapester **Frühlingsfestival** mit Kunstausstellungen, Theater, Musik und Tanz (www.festivalcity.hu). **Tanzhaustreffen** und Folkloremarkt. Veranstaltungen zum **15. März**, dem Gedenktag der Revolution von 1848.

April: Traditionelles **Osterfest** mit altem Brauch, dem **Begießen**.

Mai: Veranstaltungen zum **1. Mai**. **Gourmet-Festival** im Millenáris Park; die besten Restaurants, Weingüter und Brennereien stellen sich vor.

Juni: Kinder-Sziget-Festival an vier Wochenenden mit kostenlosen Programmen. **Kettenbrückenfest** › S. 91.

Juli: Budapester **Sommerfestival** auf allen Freilichtbühnen. **Formel-1-Rennen** am Hungaroring (www.hungaroinfo.com/formel1).

August: »Sziget« – Open-Air-Festival auf der Óbudaer Insel › S. 127 (www.sziget.hu). Der 20. August ist **St.-Stephans-Tag** mit großem Feuerwerk. Auf dem Burgberg findet das **Fest der Handwerksberufe** statt. Ende August bis Anfang September **Jüdisches Sommerfestival** in der Großen Synagoge.

September: Ungarisches Wein- und Sektfestival in der Budaer Burg

Oktober: Festival zeitgenössischer Kunst – das Programm umfasst Musik, Theater, Film, Tanz, bildende Kunst und Performances (www.bof.hu).

November: An **Allerheiligen** werden die Friedhöfe geschmückt.

Dezember: Großer **Weihnachtsmarkt** auf dem Vörösmarty tér. **Silvestergalas** auf allen Bühnen.

Auf dem Kettenbrückenfest

Wahrzeichen von Budapest und größtes Bauwerk Ungarns: das Parlament

Budaer Highlights

Das Beste!

- **Eine Zeitreise ins Mittelalter** unternehmen – in den malerischen alten Gassen des Burgviertels › S. 61
- **Den Traumblick** von der Fischerbastei über Donau und Pest genießen › S. 63
- **Budapests Unterwelt** entdecken – bei einem Streifzug durch das Burg-Labyrinth › S. 67
- **Badewonnen** erleben – im warmen Thermalwasser des Gellért-Bades den Alltagsstress einfach von sich abperlen lassen › S. 68

Buda ‹ TOP-TOUREN

Von Burgviertel hat man einen herrlichen Ausblick über die Donau nach Pest. Nach dem Besuch der Matthiaskirche folgt der Aufstieg zur Zitadelle auf dem Gellértberg, bevor sich am geschäftigen Moszkva tér eine ganz andere Seite von Buda zeigt.

Der westlich der Donau gelegene Stadtteil Buda, Budapests grüne Lunge, erstreckt sich bis hoch hinauf in die Berge. Die Highlights befinden sich aber in den historischen Stadtgebieten nahe der Donau. Herzstück und Hauptattraktion ist der Burgberg. Das mächtige, etwa 1,5 km lange Felsplateau liegt 167 m über dem Meeresspiegel und 50 bis 60 m über der Donau. Im Süden dominiert der gewaltige Burgpalast, in seinem Schutz liegt die im 13. Jh. nach Mongoleneinfällen angelegte Bürgerstadt, in der sich Kaufleute aus ganz Europa niederließen. Bei der Belagerung durch die kaiserlichen Truppen im Jahre 1686, die der 145-jährigen Türkenherrschaft ein Ende setzten, fiel fast das gesamte Burgviertel in Schutt und Asche. Heute präsentiert es sich als überwiegend barockes Ensemble – es ist Teil des UNESCO-Weltkulturerbes.

Als Pendant erhebt sich im Süden der Gellértberg mit seiner imposanten Zitadelle, die allerdings erst Mitte des 19. Jhs. als Machtsymbol der in Ungarn regierenden Habsburger erbaut wurde. Dank der schönen Parkanlagen und des weltberühmten Gellértbades zu seinen Füßen ist der Gellértberg ein beliebtes Wochenendausflugsziel auch für die Budapester. Die Türken hinterließen den Budapestern ihre Badekultur – noch heute existieren authentische türkische Heilbäder in der Nähe der Elisabethbrücke sowie der Margaretenbrücke.

Rund um den Burgberg entstanden Handwerker- und Handelsniederlassungen, von deren Existenz fast nur noch überlieferte Namen wie Tabán oder Víziváros (Wasserstadt) künden. Ihr eigenständiger Charakter fiel dem Wirtschaftsaufschwung um 1900 zum Opfer. Gründerzeitbauten prägen heute das historische Stadtgebiet.

Der verkehrsreichste Platz nördlich der Burg ist der Széll Kálmán tér. Werktags strömen hier die Pendler aus den Vororten zusammen, während an Wochenenden viele Ausflügler auf dem Weg in die Budaer Berge sind.

Stephansdenkmal auf der Fischerbastei   Budapester Straßencafé

TOP-TOUREN › Buda › ⑤ Burgviertel › Karte S. 64

Touren durch Buda

***Das Burgviertel

Tour-Übersicht:

Verlauf: Burgberg › Burgpalast › Matthiaskirche › Fischerbastei › Labyrinth

Dauer: 3–4 Std. zu Fuß, es lohnt sich aber, für das Burgviertel einen ganzen Tag einzuplanen.

Praktische Hinweise:

- Die Tour beginnt man am besten am frühen Vormittag, da die Gassen des Burgviertels dann noch nicht so überlaufen sind.
- Auf den Burgberg gelangt man am schnellsten mit der **Sikló**, der alten Standseilbahn, die in dichtem Takt vom Clark Ádám tér zum Szent György tér hinauffährt.
- Eine Alternative ist der **Várbusz**, der Burgbus (Linien 16, 16A, 116). Diese wendigen und geräuscharmen Kleinbusse wurden speziell für den Burgberg konstruiert. Sie fahren alle paar Minuten von der Metrostation Ⓜ Széll Kálmán tér/Ecke Várfok utca hinauf zum Dísz tér.

Tour-Start: ***Burgberg

Die eigentliche Bebauung des Berges begann erst im 13. Jh. Nachdem die Mongolen die Stadt verwüstet hatten, errichtete man auf der Anhöhe eine schnell florierende bürgerliche Wohnstadt, geschützt durch eine mächtige Befestigungsanlage. Belagerungen, Besetzungen und Zerstörungen kennzeichnen die Geschichte des Burgbergs, die man bei einem Spaziergang gleichsam durchläuft. 1988 wurde das einmalige Burg-Ensemble ins Weltkulturerbe der UNESCO aufgenommen. Dem Auge verborgen durchziehen kilometerlange natürliche Höhlen und Labyrinthe das Felsplateau.

**Burgpalast

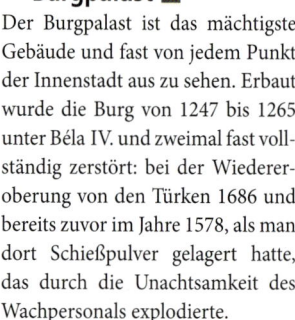

Der Burgpalast ist das mächtigste Gebäude und fast von jedem Punkt der Innenstadt aus zu sehen. Erbaut wurde die Burg von 1247 bis 1265 unter Béla IV. und zweimal fast vollständig zerstört: bei der Wiedereroberung von den Türken 1686 und bereits zuvor im Jahre 1578, als man dort Schießpulver gelagert hatte, das durch die Unachtsamkeit des Wachpersonals explodierte.

Erst im 18. Jh. ließ Karl III. hier wieder einen kleinen Barockpalast errichten, den Maria Theresia später erweiterte. Er war zwar wesentlich kleiner als das ursprüngliche Gebäude, umfasste aber immer noch 203 Räume. 1890 wurde der 304 m lange Flügel im Stil des Neobarock angefügt. Im Zweiten Weltkrieg verschanzten sich die Deutschen im Palast, beim Angriff der Roten Armee wurde er erneut zerstört. Beim Wiederaufbau rekonstruierte man die barocke Fassade und krönte sie mit einer klassizistischen Kuppel.

Abends von besonderem Zauber: der Blick vom Burgberg hinüber nach Pest

Alljährlich findet in den Tagen vor dem Nationalfeiertag am 20. August rund um den Burgpalast das **Fest der Handwerksberufe** statt, zu dem Künstler und Aussteller aus dem ganzen Land anreisen.

Geht es auf den Abend zu, sollte man unbedingt wieder zum Aussichtspunkt am Burgpalast zurückkehren. In der Dämmerung ist es dort besonders stimmungsvoll – die gesamte Stadt liegt einem zu Füßen. Von unten brandet leise das Rauschen und Brodeln der Metropole herauf; irgendwann gehen die Lichter der Kettenbrücke an, und man spürt, wie der Moloch Budapest langsam zur Ruhe kommt. Ein Moment für Romantiker, Verliebte und all jene, die die Stadt in ihr Herz geschlossen haben.

Nach einem Rundgang durch den Burgpalast und seine Museen führt der Weg durch die Gassen des Burgviertels.

Nationalgalerie

Die Nationalgalerie (ungarisch: Magyar Nemzeti Galéria) ist das wichtigste Museum im Burgpalast. Hier sind bedeutende Werke der ungarischen Malerei vom Mittelalter bis zur Gegenwart ausgestellt.

Den Grundstock des Museums bildet die **Sammlung des Grafen Ferenc Széchényi**, die er 1808 dem Staat vermachte. Danach stifteten immer mehr Adelige ihre Schätze, die ab 1906 im Museum für Bildende Künste am Heldenplatz ausgestellt wurden. 1957 gründete man die Ungarische Nationalgalerie im ehemaligen Obersten Gerichtshof am Kossuth Lajos tér. 1975 bezog die Galerie die Empfangshallen der Könige im Burgpalast.

TOP-TOUREN › Buda › ❺ Burgviertel

› Karte S. 64

Der monumentale, kuppelbekrönte Burgpalast dominiert das Stadtbild von Buda

Auf drei Etagen wird die Geschichte der ungarischen Malerei dokumentiert. Auffallend ist die melancholische Grundstimmung vieler Bilder, die von der lange währenden Unterdrückung des ungarischen Volkes erzählen. Sonderausstellungen ergänzen das Programm (Di-So 10–18 Uhr, www.mng.hu).

Historisches Museum

Das stadtgeschichtliche Budapesti Történeti Múzeum im Gebäude E der Burg zeigt Ausgrabungsfunde, die bei der Rekonstruktion nach 1945 ans Tageslicht kamen. Interessant sind die gotischen Skulpturen und im Keller des Gebäudes eine anschauliche Nachbildung des Burgberges, wie er im Mittelalter aussah (März-Okt. Di-So 10–18, Nov. bis Febr. 10–16 Uhr, www.btm.hu, mit Budapest Card Eintritt frei).

Széchényi-Nationalbibliothek

Die größte Büchersammlung Ungarns im F-Flügel der Burg ist nicht nur für eingefleischte Büchernarren ein Erlebnis. Jedes in Ungarn erschienene Buch ist hier zu finden, weiterhin Millionen von Zeichnungen, Manuskripten und Partituren. Ein besonders kostbarer Schatz ist die Bibliotheca Corviniana, die berühmte Büchersammlung des Königs Matthias Corvinus aus dem 15. Jh. (Di-Sa 9-20, historische Sammlung Di-Fr 9-17, Sa 9 bis 14 Uhr, www.oszk.hu).

*Sikló ❷

Geht man vom Burgpalast zur Altstadt, passiert man den Szent György tér; im Mittelalter fanden hier Ritterspiele und Gauklervorführungen statt. Dieser Platz ist zugleich die Bergstation der Standseilbahn

(Sikló). Sie wurde im Jahre 1870 als zweite Dampfseilbahn der Welt in Betrieb genommen und sollte die königlichen Beamten in ihre Büros im Palast befördern. Die Bahnstrecke ist fast 100 m lang und hat eine Steigung von 48 %. Die behäbigen Wagen erreichen eine Geschwindigkeit von 10,8 km/h. Das Antriebsprinzip ist einfach: Sind die Passagiere des talwärts fahrenden Wagens schwerer als jene auf der Gegenspur, ziehen sie durch ihr Gewicht die bergwärts Fahrenden nach oben. Wenn nicht, hilft ein Elektromotor nach. Die Bahn wurde 1944 zerstört und nach den alten Plänen wieder aufgebaut.

Sándor Palais

In dem klassizistischen Gebäude neben der Bergstation fanden rauschende Bälle der gräflichen Familie Sándor statt. Das Palais wurde 1806 von Graf Vince Sándor erbaut. Von 1867 bis 1945 fungierte der Palast als Residenz des ungarischen Ministerpräsidenten, jetzt des Regierungspräsidenten.

Burgtheater

Gleich neben dem Sándor Palais wurde 1736 das Burgtheater errichtet. In den Bau integriert sind Teile eines Franziskanerklosters und einer Kirche, die vorher dort standen und im Jahre 1686 bei der Befreiung Budas von den Türken zerstört wurden. Das Gebäude ist ein schönes Beispiel für den Zopfstil, die letzte Phase des Rokoko zwischen 1760 und 1780/90 – benannt nach den damals üblichen Zopfperücken.

Der Umbau der Kirche in ein Theater ist das Werk Farkas Kempelens. Der Architekt und Erfinder verwandelte beim Umbau die Grabkapelle in eine versenkbare Bühne für das Theater. Das Burgtheater bot 2000 Besuchern Platz und war eines der ersten Häuser der Stadt. Ludwig van Beethoven spielte hier 1800 seine F-Dur-Sonate (op. 17) für Horn und Klavier. 1942 wurde es Armeedepot und schwer beschädigt, danach stand das Haus lange Zeit leer. Heute residiert hier das Nationale Tanztheater (Tel. 375-8649, www.nemzetitancszinhaz.hu, › S. 52).

Der zentrale Platz des Burgviertels ist der Dísz tér. Während hier im Mittelalter die öffentlichen Hinrichtungen stattfanden, kann man heute auf dem großen **Volkskunstmarkt** neben Kitsch auch wunderschöne Textilien und Keramikprodukte erwerben.

Schatzmeistergasse ▪

Der Weg führt weiter durch die Tárnok utca (Schatzmeistergasse). Damit beginnt der geschäftigste und bei Touristen beliebteste Teil der Altstadt. Ein Bummel durch die alten Gassen von Buda ist ein Erlebnis. Hier fühlt man sich in die Vergangenheit versetzt.

Die Schatzmeistergasse war im Mittelalter eine belebte Marktstraße. Jeden Mittwoch kamen die Donaufischer mit frischen Karpfen, Welsen, Stören und Zandern. Außerdem ist sie die breiteste Straße des Burgviertels. Wie die Häuser damals aussahen, lässt sich am Haus Nr. 14 ablesen. Denn dort wurde die

Fassade originalgetreu restauriert. Sie stammt aus dem 16. Jh., während das Haus selbst bereits im 14. Jh. seine Ursprünge hat.

Apothekenmuseum

In der Nähe zeigt das Apothekenmuseum, wie sich aus mittelalterlichen Laboratorien die heutigen Apotheken entwickelt haben. In dem Gebäude aus dem 15. Jh. befand sich einst die Apotheke »Zum Goldenen Adler« (Tárnok utca 18, 15. März bis Okt. Di–So 10.30–18, Nov.–14. März 10.30–16 Uhr).

Dreifaltigkeitsplatz

Die Tárnok utca führt auf den Dreifaltigkeitsplatz (Szentháromság tér). Die gut 14 m hohe Säule in der Mitte wurde nach einer verheerenden Pestepidemie im 18. Jh. gestiftet.

Altes Rathaus

Das Gebäude an der Ecke Szentháromság utca/Tárnok utca ist das Alte Rathaus von Buda. Es wurde von 1702 bis 1710 erbaut, dafür mussten damals fünf mittelalterliche Häuser weichen.

SEITENBLICK

Schlemmerfestivals

Von Frühjahr bis Herbst ist die Budaer Burg Schauplatz zahlreicher kulinarischer Festivitäten: Oster-Familienfest, Foie Gras-Festival, Schnaps- und Wursttage, Weinfestival, Süße Tage – Schokoladen- und Süßigkeiten-Festival, Bierfestival, Brot-und Backwaren-Festival. Termine unter www.budapestinfo.hu.

**Matthiaskirche

Auf der anderen Seite des Dreifaltigkeitsplatzes erhebt sich diese Kirche (Mátyás templom), in der zahlreiche ungarische Könige gekrönt wurden, so auch Franz Joseph I. und seine Gattin Elisabeth (»Sissi«). Anlässlich ihrer Thronbesteigung komponierte Franz Liszt 1867 seine »Ungarische Krönungsmesse«. Die Kirche wurde von 1255 bis 1269 im Stil des Übergangs von der Spätromanik zur Gotik für die deutschen Bürger von Buda erbaut. Im Laufe der Jahrhunderte erfuhr sie mehrere Umgestaltungen.

Im 16. Jh. zerstörten die Türken den Bau. Während der langen türkischen Besatzung nutzten die Machthaber die Hauptkirche Budapests als Moschee. Anschließend diente sie den Jesuiten als Gotteshaus und erhielt im 17./18. Jh. eine barocke Ausstattung. Der Architekt Frigyes Schulek gestaltete sie in den Jahren 1874–1896 so um, wie sie im 13. Jh. ausgesehen haben könnte.

Man betritt das Gotteshaus durch das Marienportal an der Seite. Es wird von einem Relief aus dem 14. Jh. geschmückt, das den Tod Mariens darstellt. Neben dem Marienportal liegt die nach dem italienischen Wallfahrtsort benannte **Loretokapelle** mit einem Marienbild aus der Werkstatt Lucas Cranachs d. Ä. und einer Madonnenfigur aus rotem Marmor, die – vom Kerzenruß geschwärzt – **Schwarze Madonna** genannt wird.

In einer Seitenkapelle der Kirche (bis zum Abschluss der Restaurierungsarbeiten kann der Ort wech-

Glasierte Zsolnay-Fliesen bilden auf dem Dach der Matthiaskirche farbenprächtige Muster

seln) werden kostbare Stücke aus dem **Kirchenschatz** gezeigt – Goldschmiedearbeiten, Kelche, Monstranzen und Messgewänder sowie Nachbildungen der ungarischen Königskrone und des Reichsapfels (Kirche und Schatzkammer Mo–Fr 9–17, Sa 9–12, So 13–17 Uhr, www.matyas-templom.hu).

*Fischerbastei 5

Die Fischerbastei (Halászbástya) erhebt sich gleich hinter der Matthiaskirche. Sie ist eines der populärsten Gebäude Budapests. Das Zuckerbäckerwerk erstellte Frigyes Schulek zwischen 1899 und 1905 in stilistischer Anpassung an die gerade von ihm umgebaute Kirche. Schulek errichtete eine 140 m lange und 8 m breite Wallkonstruktion mit Figürchen, Türmchen, gewundenen Treppchen und Erkern. Er verwendete auch Steine der alten Stadtmauer, die hier während der Türkenkriege von der Fischerzunft verteidigt worden war. Das gab dem kuriosen Gemäuer, von dem man einen herrlichen Blick auf die Stadt genießt, seinen Namen.

Hilton Hotel und Kloster

Der Weg führt nun am Hilton Hotel › **S. 22** vorbei. In den 1974 errichteten, umstrittenen Bau integrierte man die Überreste eines Dominikanerklosters aus dem 13. und 17. Jh., die vom Hotel aus zu begehen sind. In den Sommermonaten finden hier stimmungsvolle klassische Konzerte in historischem Ambiente statt.

Der Platz vor dem Hilton Hotel, der Hess András tér, ist nach dem Drucker Andreas Hess benannt, der im 15. Jh. für König Matthias das Chronicon Budense (Chronica Hungarorum) herstellte. Es gilt als das erste Druckwerk des Landes.

TOP-TOUREN › Buda › ❺ Burgviertel

› Karte S. 64

Shopping

Litea

Die Literatur-Teestube in der Fortuna-Passage bietet eine große Auswahl an Büchern.
- I. | Hess András tér 4
- Tel. 375-6987

Zwischenstopp: **Restaurant**

Budavári Mátyás Étterem

Preiswerter Selfservice-Mittagstisch im 1. Stock, ungarische und internationale Gerichte.
- I. | Hess András tér 7
- Tel. 375-6175
- Mo–Fr 11.30–14.30 Uhr

Touren durch Buda

Tour ❺

Das Burgviertel

1. Burgpalast
2. Sikló (Standseilbahn)
3. Schatzmeistergasse
4. Matthiaskirche
5. Fischerbastei
6. Fortuna utca
7. Wiener Tor
8. Museum für Heeresgeschichte
9. Herrengasse
10. Labyrinth im Burgberg / Felsenkrankenhaus

Tour ❻

Auf dem Gellértberg

11. St. Gellért-Statue
12. Zitadelle
13. Gellért-Bad

Tour ❼

Rund um den Széll Kálmán tér

14. Széll Kálmán tér
15. Széna tér
16. Fény utca
17. Millenáris Park
18. Városmajor-Park
19. Wasserstadt
20. Batthyány tér

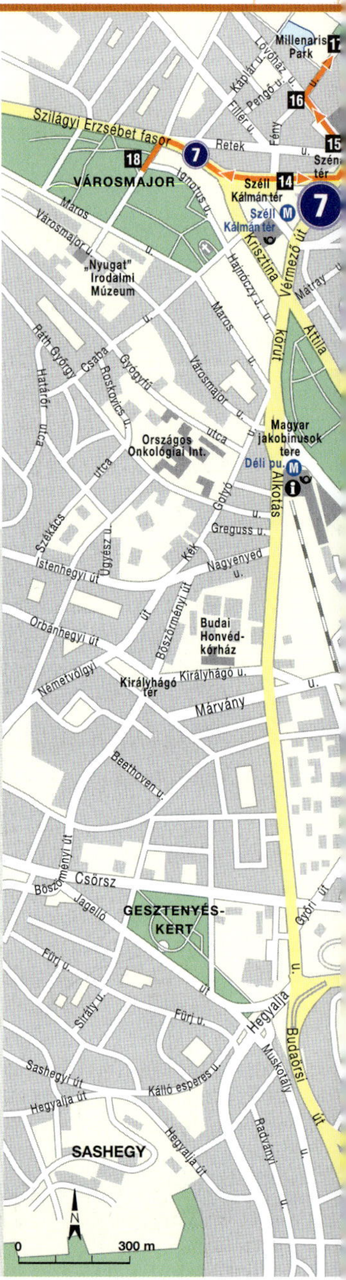

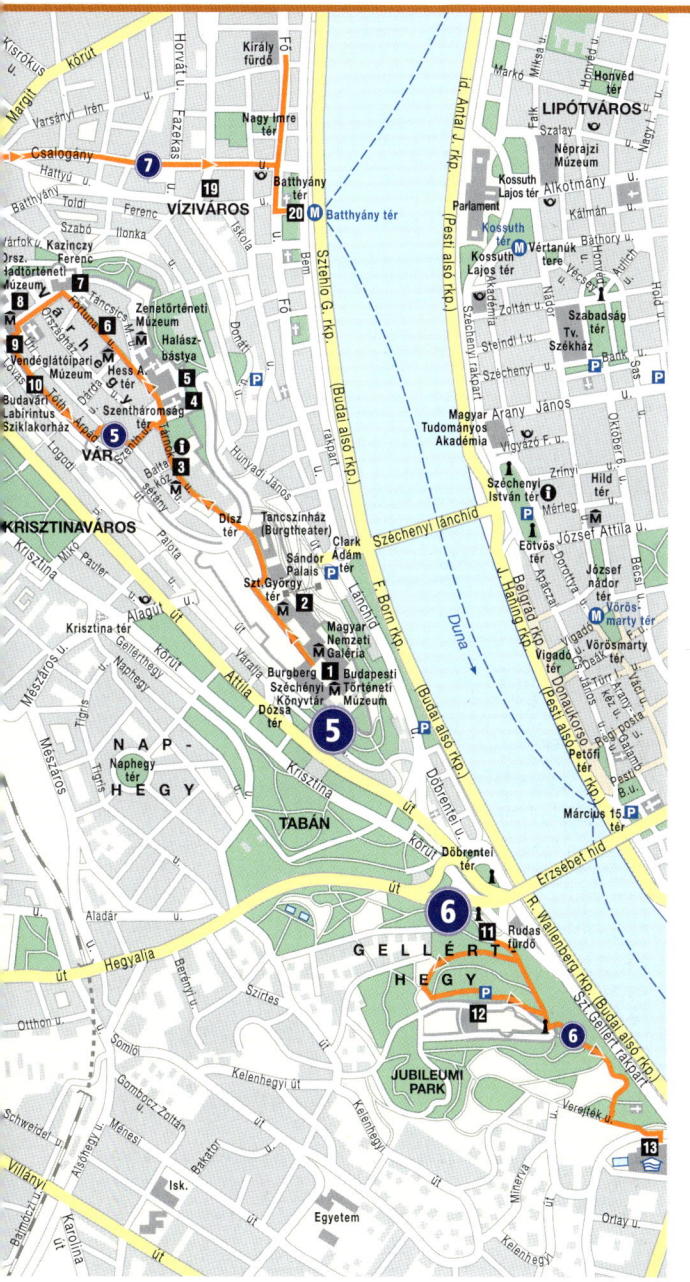

TOP-TOUREN › Buda › **5** Burgviertel

› Karte S. 64

Nationalarchiv am Wiener-Tor-Platz

Fortuna utca **6**

Die Fortuna utca an der Nordseite des Platzes war zu Beginn des 15. Jhs. hauptsächlich von französischen Arbeitern bewohnt. Sie waren zum Bau des Burgpalasts und der Matthiaskirche ins Land geholt worden.

Von hier aus kann man einen Abstecher in die Táncsics Mihály utca, die Parallelstraße der Fortuna utca, machen. Dort wohnten im 16. und 17. Jh. hauptsächlich Juden. Haus Nr. 26 war eine Synagoge, im Haus Nr. 7 logierte Ludwig van Beethoven. Im Haus Nr. 9 war 1848 der revolutionäre Journalist Mihály Táncsics inhaftiert, nach dem die Gasse auch benannt worden ist.

Am Wiener Tor **7**

Am einstigen Nordtor der Stadt enden Táncsics Mihály utca und Fortuna utca. Das ursprüngliche Wiener Tor war zerstört worden, als Buda 1686 von den Türken befreit wurde. Das heutige Tor errichtete man 1936 zum 250. Jahrestag der Befreiung. Im Haus Nr. 7 war in den 1930er-Jahren einige Male Thomas Mann zu Gast. Es gehörte dem Baron Lajos Hatvany, Finanzaristokrat, Schriftsteller und Kunstmäzen. Erbaut wurde es 1741, die Fassade stammt von 1807.

Wenige Schritte sind es zum **Maria-Magdalenen-Turm** (Mária Magdolna-torony) am Kapisztrán tér, der Ruine einer gotischen Kirche, die im Zweiten Weltkrieg zerstört wurde. 1984 restaurierte man den Turm und erklärte ihn zum Mahnmal.

Museum für Heeresgeschichte **8**

Das Hadtörténeti Múzeum gegenüber, ein Bau von 1824, war ursprünglich die Ferdinand-Kaserne. Zu besichtigen sind in seinen Räumen über 2000 Exponate, u. a. Dokumente zur Heeresgeschichte, militärische Abzeichen, Uniformen und Kriegswaffen; Sonderausstellungen ergänzen das Programm (Tóth Árpád sétany 40, April–Okt. Di–So 10–18, Nov.–März 10–16 Uhr).

Vom Tóth Árpád sétany, der Promenade an der westlichen Mauer des Burgberges, hat man einen wunderschönen Blick auf die Budaer Berge. Am Fuß des Hügels breitet sich ein weitläufiger Park aus.

Herrengasse **9**

Ein Stück weit sollte man auch in die parallel verlaufende Úri utca hineingehen, die von liebevoll restaurierten Häusern gesäumte Herrengasse. Bei den Gebäuden Nr. 31 und 32 sind im Torweg gotische Sitznischen zu sehen. Das Haus Nr. 49 mit schönem Innenhof bildet eine

Einheit mit dem Gebäude in der parallelen Országház utca. Im 18. Jh. beherbergte es ein Klarissinnenkloster mit Kirche, während heute das **Telefonmuseum** darin untergebracht ist (Úri utca 49/Országház u. 30, Di–So 10–16 Uhr).

Labyrinth im Burgberg 10

Der Burgberg wird von einem kilometerlangen Höhlensystem durchzogen, einem unterirdischen Labyrinth, das man früher von fast jedem Keller in Buda aus betreten konnte. Es wurde immer wieder ausgebaut, weil es außer Lagerraum auch Schutz und Fluchtmöglichkeiten bot.

In der Úri utca 9 bzw. der Lovas út 4 liegen die Eingänge zu dem Labyrinth, das in das jahrhundertealte Höhlensystem des Burgbergs integriert ist. Auf dem 1200 m langen Weg in die Unterwelt werden diverse Ausstellungen gezeigt, z. B. über alte Königspaläste und die schönsten Höhlen der Welt (tgl. 10–19 Uhr, www.labirintusbudapest.hu, jeden So 10–13 Uhr Kinderprogramm).

In der Lovas út 4/c wartet eine weitere unterirdische Attraktion: das lange Zeit streng geheim gehaltene **Felsenkrankenhaus** aus dem Zweiten Weltkrieg (tgl. 10–20 Uhr, www.sziklakorhaz.hu).

Danach empfiehlt sich die Einkehr ins traditionsreiche Café Ruszwurm (Szentháromság u. 7). Die bekannte Konditorei existiert bereits seit 1827. Die Biedermeier-Einrichtung der beiden winzigen Galerieräume blieb bis heute nahezu unverändert › S. 79.

Auf dem Gellértberg

Tour-Übersicht:

Verlauf: St.-Gellért-Denkmal › Zitadelle › Friedensdenkmal › Felsenkirche › Gellért-Bad

Dauer: 2 Std. zu Fuß, der Aufstieg dauert etwa 20 Min.

Praktische Hinweise:
- Ausgangs- und Endpunkt der Tour sind bequem zu erreichen: Von der Metrostation Ⓜ Batthyány tér mit dem Bus Nr. 86, Haltestelle Döbrentei tér (Elisabethbrücke), vom Szt. Gellért tér zurück in die entgegengesetzte Richtung.

Tour-Start:
St.-Gellért-Denkmal 11

Über eine Treppe bei der Elisabethbrücke steigt man direkt hinauf zum St.-Gellért-Denkmal, das an den ersten ungarischen Bischof erinnert. Er kam aus Venedig als Missionar ins Land und erlitt 1046 den Märtyrertod. Die Magyaren stürzten ihn der Legende zufolge in einem Nagelfass genau diesen Berg hinunter. Vom Gipfel des Gellértberges hat man einen herrlichen Rundblick auf Burgberg, Parlament, Donau und Budaer Berge. Abends fasziniert das Pester Lichtermeer.

*Zitadelle 12

Die Citadella war den Budapestern lange verhasst. Das erst 1854 in mittelalterlicher Manier errichtete Bollwerk sollte den Ungarn nach

TOP-TOUREN › Buda › ❼ **Széll Kálmán tér**

› Karte S. 64

der Niederschlagung ihres Freiheitskampfes 1848/49 die erstarkte Macht und Überlegenheit des österreichischen Herrscherhauses demonstrieren. Besichtigt werden können kriegshistorische Ausstellungen und ein Luftschutzbunker mit Panoptikum. In drei Restaurants genießt man den herrlichen Ausblick bzw. urige Kasematten-Stimmung (Museum Mai–Sept. tgl. 9–20, Okt.–April 9–17 Uhr, www.citadella.hu).

Friedensdenkmal

Ähnlich gespaltene Gefühle wie für die Zitadelle brachten die Ungarn rund 100 Jahre später für die Freiheitsstatue auf. Die von fast jedem Punkt der Stadt aus sichtbare Figur, die einen Palmenzweig in den Himmel über sich hält, wurde 1947 aufgestellt und während der kommunistischen Ära zum Befreiungsdenkmal zu Ehren der Roten Armee deklariert. Nach der Wende gab es heftige Diskussionen um eine Entfernung. Letztendlich beließ man die Statue auf ihrem Platz und nennt sie heute Friedensdenkmal.

Felsenkirche

Am Südhang des Gellértberges wurde 1926 durch Erweiterung der natürlichen Eingangshöhle die Felsenkirche nach dem Vorbild im französischen Wallfahrtsort Lourdes tief in den Berg gegraben. 1951 zugemauert, eröffnete sie erst 1989 wieder. Touristen haben nur außerhalb der Messezeiten Zutritt (Messen tgl. 8.30, 17 und 20 Uhr, So zusätzlich 11 Uhr).

*Gellért-Bad ⓭

Das Gellért-Bad › S. 70 gegenüber der Freiheitsbrücke ist das berühmteste Budapester Bad. Zusammen mit dem mondänen Hotel wurde es 1918 eröffnet. Über Wunder wirkende Quellen am Gellértberg gibt es bereits aus dem 15. Jh. Berichte. Die Türken schätzten dieses Bad besonders, da es größer war und heißeres Wasser hatte als alle anderen damaligen Bäder von Buda.

Rund um den Széll Kálmán tér

Tour-Übersicht:

Verlauf: Széll Kálmán tér › **Fény utca** › **Millenáris Park** › **Városmajor Park** › **Batthyány tér**

Dauer: 4 Std. zu Fuß

Praktische Hinweise:
- Ausgangs- und Endpunkt ist die Metrostation Ⓜ Széll Kálmán tér.
- Da der Platz ein wichtiger Verkehrsknotenpunkt ist, empfiehlt es sich, die Tour möglichst nicht zur Rushhour zu machen.

Tour-Start:
Széll Kálmán tér ⓮

Von der Metrostation fährt man mit der Rolltreppe hinauf zum dreieckig angelegten Széll-Kálmán-Platz. Oben angekommen, fällt Besuchern wohl längere Zeit nicht mehr als erstes der mächtige Ziegelbau der **Oberpostdirektion** ins Auge, der den Platz mit seinem Turm überragt, sondern die Großbaustelle.

SPECIAL
Neues von den Bädern

Erste Adresse für Kur und Wellness

Nur wenige wissen, dass Budapest eine Bäderstadt und Europas größter Kurort ist. Aus den 123 Thermal- und 400 Mineralquellen sprudeln Tag für Tag mehr als 70 Mio. Liter Wasser. Budapest verfügt über fast 100 Schwimm-, Frei- und Heilbäder. Heute verwöhnen neben den alten Bädern die großen Hotels mit ihren luxuriösen Spa- und Wellness-Einrichtungen Bäder-Nostalgiker wie auch anspruchsvollste Gäste.

Orientalische Tempel der Wasserlust

Die Muslime, schon immer Freunde des Badens, haben aus Wasserkultur und Körperhygiene einen sozialen Ritus geschaffen. Von 1541 bis 1686 wurden unter dem Einfluss der Türken schlichte Bäder in Stätten raffinierter Baderituale verwandelt. Architektonische Elemente und Badegewohnheiten der muslimischen Kultur sind in einigen Budapester Bädern in eindrucksvoller Weise erhalten geblieben.

Das **Lukács-Bad** wurde 1894 erbaut. Das Heil- und Schwimmbad ist ein beliebter Treffpunkt, der dem Bad angeschlossene Kurpark mit altem Baumbestand eine Oase der Ruhe und Erholung. Tief durchatmen und bei leiser Musik entspannen kann man in der Salzkammer.

Im **Rudas-Bad** garantiert das original türkische Dampfbad mit seinem achteckigen Becken und der säulengestützten Kuppel ein einmaliges Badeerlebnis. Es gibt getrennte und gemeinsame Badetage für Männer und Frauen. Begeistert angenommen wird das Nachtbadeangebot freitags und samstags von 22 bis 4 Uhr früh.

Das **Király-Bad** wurde bereits um 1570 von Pascha Sokoli Mustafa, dem Vater des Budaer Badekults, erbaut.

- **Lukács-Bad**
  II. | Frankel Leó utca 25–29
  Tgl. 6–21 Uhr
  Bus 206, 86, Tram 17
- **Rudas-Bad**
  I. | Döbrentei tér 9
  Dampfbad tgl. 6–20 Uhr
  Frauenbadetag Di, Männerbadetage Mo, Mi, Do, Fr, gemischte Badetage Sa, So, Schwimmbad Mo–Mi 6–18, Di, Do–So 6–20, Nachtbaden Fr, Sa 22–4 Uhr
  Buslinie 86
- **Király-Bad**
  II. | Fő utca 82–84
  Tgl. 9–21 Uhr
  Bus 5, 7, 8, 86, Tram 19

Ausführliche Informationen über die Heilbäder und -quellen: www.budapestgyogyfurdoi.hu und www.heilbaderbudapest.com.

Baden im Prunk des Jugendstils und Barocks

Eine Augenweide ist der Jugendstilbau des **Gellért-Bads** mit seiner prunkvollen Innenausstattung nach seiner aufwändigen Restaurierung. Hallen mit Säulen von rotem Marmor und Mosaikfußböden, die das Licht, das die gewölbten Glasdächer durchlassen, magisch zurückwerfen. Im Außenbereich gibt es ein Freibad.

Das **Széchenyi-Bad** thront wie ein verspieltes Barockschloss inmitten des Stadtwäldchens. Durch den Haupteingang gelangt man in einen großen Innenhof, dessen Mauern im Sommer Weinblätter umranken. In der Mitte sind mehrere Freiluftbecken angeordnet, in denen man sich auch im Winter bei Schnee und Eis im warmen Wasser aalen kann.

- **Gellért-Bad**
  XI. | Kelenhegyi út 2–6
  Tgl. 6–20 Uhr
  Buslinie 86
- **Széchenyi-Bad**
  XIV. | Állatkerti krt. 11
  Schwimmbad tgl. 6–22 Uhr, Thermal- und Dampfbad bis 19 Uhr
  Metro M 1

Magic Bath und Szecska-Spartys

Cooles Planschen zu heißen Rhythmen und magischen Lightshows vom späten Abend bis zum frühen Morgen lautet das Erfolgsrezept der Budapester Sparty-Nächte.

Die Szecska-Partys (Szecska ist der Spitzname des Széchenyi-Bades) werden in den Sommermonaten jeweils am Samstag ebendort veranstaltet (22.30–3 Uhr), die Magic Bath Partys im März und April im Lukács Bad (21–3 Uhr). Infos: www.szecska.hu, Kartenvorverkauf:

- **Hütte Café**
  V. | im Park auf dem Szabadság tér
  Tel. 374-0521
  www.hutte.hu
  Mo–Fr 8–24, Sa, So 10–24 Uhr

7 **Széll Kálmán tér** ‹ Buda ‹ TOP-TOUREN

Der Széll Kálmán tér ist ein wichtiger Verkehrsknotenpunkt in Buda

Der wichtigste Knotenpunkt des Bus- und Straßenbahnverkehrs in Buda wird komplett umgestaltet und modernisiert.

Für die Bewohner der nördlichen und westlichen Budaer Stadtteile ist der Széll-Kálmán-Platz so etwas wie ihre City: Hier bekommt man einfach alles für den täglichen Bedarf. An den Wochenenden treffen sich hier zu früher Stunde Familien und Ausflügler, die mit Bahn oder Bus in die Budaer Berge fahren und wandern gehen.

Das **Einkaufszentrum Mammut**, dessen zwei mächtige glasverkleidete Gebäudekomplexe den Széll Kálmán tér und den Széna tér dominieren, war eine der ersten Shopping Malls in Budapest. Die Mammut-Palette bietet Einkaufsmöglichkeiten jeglicher Art, zahlreiche Restaurants und Cafés und ein breit gefächertes Angebot an Freizeitsport und Kinos (Geschäfte Mo–Sa 10–21, So 10–18 Uhr, www.mammut.hu).

An Straßenständen am Széll Kálmán tér, aber auch anderen Orts in Budapest fallen in den Sommermonaten in Tracht gekleidete Bäuerinnen auf, die nach traditionellen Mustern gestickte Decken, handgearbeitete Textilien und geschnitzte Holzwaren aus Siebenbürgen verkaufen. Manchmal sind wunderschöne alte Stickereien darunter.

Széna tér 15

Ein Aufschrei der Empörung ging durch die Bevölkerung, als der Széna tér (Heuplatz) mit Resten der mittelalterlichen Stadtbefestigung dem Bauboom zum Opfer fallen sollte. Auf dem Platz starben während der Revolution 1956 viele Menschen bei Straßenkämpfen. Neben dem Mammut-Eingang erinnern sieben Totenpfähle aus Holz und eine Gedenktafel an die Opfer.

Fény utca 16

Dem ehemals volkstümlichsten **Markt** der Stadt in der Fény utca, wo auf klapprigen Holztischen Gemüse, Obst, Wurst, Schinken und allerlei Gegenstände des täglichen Gebrauchs aufgestapelt waren, wurde durch die Eingliederung der kleinen Händler in das Einkaufszentrum Ordnung aufgezwungen. Es macht aber immer noch Spaß, an den Ständen der mehrstöckigen Markthalle vorbeizuschlendern und herrlich frische Früchte oder sonnengereifte Tomaten zu kaufen.

Wie wäre es mit einem Mitbringsel für zu Hause? Ungarn ist bekannt für seinen guten Akazien-, Raps- und Sonnenblumenhonig. Auch Raritäten wie Kastanien- oder Seidenpflanzenhonig, der durch sein feines zart-fruchtiges Aroma besticht, bekommt man hier. Als echte ungarische Spezialität wurde ihm das Prädikat »Hungaricum« verliehen.

Auch süßes oder scharfes Paprikapulver in Leinensäckchen, in Dosen aus Holz und Keramik oder in einfachen Papiertüten erfreut kulinarisch ambitionierte Freunde, ganz zu schweigen vom reichhaltigen Wurstangebot.

Einige Meter weiter, in der Fény utca 8, verkauft die alteingesessene **Konditorei Auguszt** feinste Süßwaren und vorzügliches Marzipan. Von der Tradition des Hauses (es besteht seit 1870) zeugen alte Dokumente in den Vitrinen an der Wand und die stimmungsvoll renovierte Kaffeestube im Obergeschoss (Di–Sa 10–18 Uhr).

Erst-klassig

Millenáris Park 17

In der Fény utca 20–22 (hinter dem Mammut) entstand auf dem Gelände einer alten Waggonfabrik das Kulturzentrum Millenáris Park mit Grünanlage und künstlichem See. Unbedingt empfehlenswert ist die **Láthatatlan Kiállítás – Nicht sichtbare Ausstellung** in Gebäude B. Hier wird der Besucher auf beeindruckende Weise mit einem Lebensalltag ohne Sehvermögen in völliger Finsternis konfrontiert (www.lathatatlan.hu, Eingang Kis Rókus u. 16–20, Sa–Do 10–20, Fr 10–18 Uhr).

Városmajor Park 18

Auf der Nordwestseite des Széll-Kálmán-Platzes beginnt der Városmajor-Park, eine Oase der Ruhe und Beschaulichkeit. Die ehemalige Heuwiese, ein Areal von etwa 10 ha mit Spielflächen und Tennisplätzen, gestaltete man Ende des 18. Jhs. zu einem Park im englischen Stil um. Eindrucksvoll ist der alte Baumbestand der Grünanlage.

Auf der **Freilichtbühne** im Ostteil des Parks findet ein Großteil der Veranstaltungen des Sommerfestivals statt. Die **Talstation der Zahnradbahn** auf den Széchenyihegy mit wunderschöner Aussicht liegt im Westen des Parks.

Der Blick ins Innere der kargen, vom Bauhausstil geprägten Kirche **Városmajori templom** (1933) am Eingang des Parks gilt als Geheimtipp. Die Glasmalereien von Lili Sztehló wie die Deckengemälde von Vilmos Aba-Novák sind monumental und ungemein ausdrucksstark (am Vormittag Mo–Sa 6.30–9, So

7–12.15, am Nachmittag Mo–Do 17.15–19, Fr 15.30–19, Sa 16.30 bis 19.15, So 17–20.30 Uhr).

Wasserstadt [19]

Wendet man sich wieder Richtung Donauufer und schlendert die Csalogány út entlang, gelangt man in die sogenannte Wasserstadt (víziváros), die sich auf einer schmalen Terrasse zwischen der Budaer Burg und dem Fluss erstreckt. Straßennamen wie Fischer- oder Karpfenstraße, aber auch Zoll- und Eisengrubengasse erinnern an die Zunft der Donaufischer, die bis ins 19. Jh. hier arbeiteten.

Ein lohnender Abstecher führt in die Fő utca 82–84. Dort glänzt, schon von Weitem sichtbar, ein goldener Halbmond auf einer großen türkisfarbenen Kuppel: Sie krönt das **Király-Bad** (Király fürdő). Es wurde bereits 1578 von Pascha Sokoli Mustafa innerhalb der Stadtmauern errichtet › **S. 70.**

Batthyány tér [20]

Am Batthyány tér erhebt sich die **St. Anna-Kirche,** eine der schönsten Barockkirchen des Landes; Hochaltar und Kanzel schuf Károly Bebó im Jahr 1773. Barocke Fassaden zeigen auch das Hikisch-Haus (Nr. 3) und das ehemalige Gasthaus Weißes Kreuz (Nr. 4).

Genauere Betrachtung verdient der Fassadenschmuck der Markthalle an der Westseite des Platzes. Gegenüber dem Französischen Kulturinstitut lädt **Pavillon de Paris** ●●● im Sommer in den bezaubernden Garten ein (Fő u. 20, Tel. 225-0174, tgl. 12–23 Uhr).

Zwischenstopp: **Restaurant**

Angelika Kávéház

Auf der großen Außenterrasse kann man unter großen Sonnenschirmen verschnaufen und bei einer Tasse Kaffee den Blick über die Donau zum Parlament schweifen lassen.

▪ I. | Batthyányi tér 7

Auf Budapests Märkten häufig als Souvenir angeboten: Blaudruck-Artikel und Ostereier

Pester Innenstadt und Parlamentsviertel

Das Beste!

- **Flanieren mit Flussblick** auf dem Donaukorso › S. 80
- **Tafeln bei Geigenklängen** im Matthiaskeller › S. 82
- **Shoppen** und prachtvolle Fassaden bewundern in der Einkaufsstraße Váci utca › S. 83
- **Frisch vom Land** – in der Zentralen Markthalle ungarische Spezialitäten probieren › S. 85
- **Die ungarischen Reichsinsignien** bewundern – bei einer Führung durchs Parlament › S. 93

Pester Innenstadt ‹ TOP-TOUREN

Dieser Bummel führt durch das geschäftige Zentrum der Stadt, dann an der Donau entlang zum verkehrsreichen Kálvin tér mit bedeutenden Museen in der Nähe, und schließlich geht es ins Parlamentsviertel.

Zwischen Ketten- und Freiheitsbrücke, umschlossen vom Kleinen Ring *(Kiskörút)*, der die mittelalterliche Stadtmauer markiert, liegt die Pester Altstadt. Hier entstand die erste Siedlung auf der östlichen ebenen Donauseite; auch die Römer bauten im 2. Jh. parallel zu Aquincum eine zweite Befestigung. Als Gegenpol zur Burg und zum herrschaftlichem Machtzentrum entwickelte sich Pest zur agilen Handelsmetropole. Großstadttrubel pur, protzige Jahrhundertwendepaläste, gelegentlich unterbrochen von sozialistischen Betonbauten, modernen Geschäftshäusern und attraktiven Shoppingpassagen, kennzeichnen die Atmosphäre. Wichtige Stationen in der City sind der Vörösmarty tér, der zentrale Platz mit dem berühmtesten Kaffeehaus der Stadt, der Donaukorso, die Flaniermeile für die Reichen und Schönen, und die Váci utca, die Haupteinkaufsstraße Budapests, wo sich mehr Touristen drängeln als Einheimische. Ruhiger geht es im südlichen, schlichteren Teil der Váci utca zu, wo in der großen Markthalle feinste Spezialitäten aus dem ganzen Land täglich frisch angeboten werden.

Nördlich der Kettenbrücke schließt sich das Parlamentsviertel an, von dem aus die Geschicke Ungarns gelenkt werden. Im größten Parlamentsgebäude Europas wird auch der bedeutendste ungarische Nationalschatz verwahrt: die Heilige Krone nebst den Reichsinsignien. In der Nähe befindet sich der Kálvin tér mit der reformierten Hauptkirche Budapests, gleich daneben die Ráday utca mit urigen Szenekneipen. Auch lohnt es sich, zwei der wichtigsten Museen zu erkunden: das National- und das Kunstgewerbemuseum.

Goldene Zeiten auf der Shoppingmeile Váci utca

Die Kettenbrücke war die erste feste Brücke über die Donau

TOP-TOUREN › Pester Innenstadt › ❽ **Zentrum** › Karte S. 80

Touren durch die Pester Innenstadt

 Bummel durchs Zentrum

Tour-Übersicht:

Verlauf: Vörösmarty tér › Redoute › Donaukorso › Elisabethbrücke › Petőfi tér › Váci utca › Franziskanerkirche › Freiheitsbrücke › Zentrale Markthalle

Dauer: 2–3 Std. zu Fuß
Praktische Hinweise:
- Vom Ausgangs- und Endpunkt sind die Metrostationen Ⓜ **Vörösmarty tér** bzw. Ⓜ **Kálvin tér** schnell zu erreichen.
- Als Shoppingtour beginnt man den Bummel am besten an Werktagen ab 10 Uhr, wenn alle Geschäfte geöffnet sind.

Die Tour durch die Pester Innenstadt kann man in wenigen Stunden bewältigen, man könnte aber gut und gerne auch Tage damit verbringen. Es soll Touristen geben, die außer der Váci utca und dem Vörösmarty tér nicht viel von Budapest gesehen haben.

Tour-Start:
Vörösmarty tér ❶

Den Spaziergang durch die City beginnt man am besten am Vörösmarty tér, jenem großen Platz über der Endstation der Metrolinie 1, die von hier bis zum Heldenplatz fährt. Ob vielköpfige Reisegruppen oder vereinzelte Rucksacktouristen – alle sitzen sie hier, entweder auf dem Pflaster oder auf den Stühlen der zahlreichen Straßencafés. Das berühmteste unter ihnen ist das Kaffeehaus **Gerbeaud** › S. 77. Fast ununterbrochen gibt es musikalische Darbietungen. An der Ecke zur Türr István utca sitzen stets Maler und porträtieren Urlauber. Benannt wurde der Platz nach dem ungarischen Nationaldichter Mihály Vörösmarty (1800–1855). In der Adventszeit verwandelt er sich in einen bezaubernden Weihnachtsmarkt. Besondere Attraktion ist jedes Jahr die Weihnachtsbeleuchtung am Gerbeaud-Gebäude.

Redoute ❷

Der Weg führt die Vigadó utca hinab in Richtung Donauufer zum Vigadó tér mit der Redoute. Das Prunkgebäude mit seiner reich verzierten Fassade wurde 1858–1865 als Konzert- und Ballsaal von dem Architekten Frigyes Feszl errichtet. Bei der Eröffnung des Konzertsaales wirkten 1865 auch Franz Liszt und Johannes Brahms mit. Es steht zu hoffen, dass der Große Saal und die gewaltigen Treppenaufgänge mit den interessanten Fresken bald wieder besichtigt werden können. Die Redoute wurde 1945 schwer beschädigt und erst 1980 wieder eröffnet. Die Akustik entsprach aber immer noch nicht den Erwartungen. Folglich wird das Gebäude nun abermals saniert und technisch modernisiert.

Zwischenstopp: **Restaurant**

Spoon Café & Lounge ●●●
Das elegante Schiffsrestaurant vor der grandiosen Kulisse von Burg und Kettenbrücke garantiert einen romantischen Abend mit ungarischen wie auch internationalen Gerichten. Es gibt auch eine Bar, in der man den schönen Blick bei einem Glas Wein oder einem Cocktail genießen kann.
- V. | Anleger 3 | Vigadó tér
- Tel. 411-0933
- www.spooncafe.hu

Süße Versuchungen im Gerbeaud

SEITENBLICK

Café Gerbeaud

Im Jahre 1858 gründete der Konditor Henrik Kugler am heutigen Vörösmarty tér ein Kaffeehaus. Das war zum damaligen Zeitpunkt mutig, denn als führendes Haus der Stadt galt seit 1827 das »Ruszwurm« auf dem Burgberg. Doch Kugler machte sich durch Qualität bald einen Namen. 26 Jahre später verkaufte er den Betrieb an den Schweizer Emil Gerbeaud, der das Café vollständig umgestaltete – mit Korbstühlen, Stuck, Lüstern, Brokat-Tapeten und schweren Samtvorhängen, die als Raumteiler dienen.

Trotz dieses luxuriösen Interieurs senkte Gerbeaud die Preise, um auch dem einfachen Volk die Möglichkeit zu geben, bei ihm einzukehren. Sein Kaffeehaus galt bei hoher Qualität als weniger elitär als das berühmte Café New York am Großen Ring. Das Haus überstand beide Weltkriege fast unversehrt, wurde aber verstaatlicht und in »Vörösmarty« umbenannt. Die zuvor günstigen Preise stiegen stetig und waren bald fast nur noch für Westtouristen erschwinglich. Seit 1984 heißt das Café wieder »Gerbeaud« und ist schon allein wegen seiner Einrichtung einen Besuch wert.

Nach wie vor werden die süßen Köstlichkeiten in den dreistöckigen Katakomben unter dem Café mit teils museumsreifen Maschinen nach alten Rezepten hergestellt. Man verwendet nur reine, natürliche Zutaten, chemische Zusatzstoffe sind verpönt. Die Preise allerdings sind längst nicht mehr so sozial, wie Firmengründer Emil Gerbeaud es angestrebt hatte. Heute handelt es sich beim Gros der Besucher um Touristen, die an das in Rom, Paris oder London herrschende Preisniveau gewöhnt sind.

Neben der Konditorei haben sich im Gerbeaud Ház am Vörösmarty tér inzwischen zwei weitere gastronomische Angebote etabliert: das Nobelrestaurant »Onyx« › S. 29 und ein zünftiger Brauhauskeller. Ein Partyservice bringt Gerbeaud-Köstlichkeiten auch aufs Hotelzimmer.

TOP-TOUREN › **SPECIAL** › Kaffeehäuser

SPECIAL

K. u. K. – Kaffee und Kuchen

Mit etwa 600 Kaffeehäusern erlebte die ungarische Hauptstadt um 1900 einen Höhepunkt der Kaffeehauskultur. Im Kaffeehaus konnte man stundenlang bei einer Tasse Kaffee und einem Glas Wasser sitzen. An Bambusgestellen hingen reichlich Zeitungen und Zeitschriften aus. Man konnte sogar Nachrichten und Briefe verschicken. Papier, Federhalter und Tinte wurden zur Verfügung gestellt.

Kaffee – ein kleines Stück Alltagsglück

Was für die Türken der Tee, ist für die Magyaren der Kaffee – schwarz wie die Nacht, süß wie die Liebe und vor allem stark muss er sein. Der extra starke Mokka wird, möglichst als *dupla fekete* (doppelter Schwarzer), zu jeder Tages- und Nachtzeit meist aus dickwandigen Gläsern, in feineren Etablissements aus edlen Espresso-Tässchen getrunken. Anfangs schmeckt die landestypische Spezialität etwas ungewohnt, doch bald kann der Genuss des *dupla fekete* zur Sucht werden! Zum Kennenlernen kann man ihn mit Milch *(tejjel)* oder Sahne *(habbal)* kosten.

Klassische Cafés

Im stilvollen Ambiente des **Café Gerbeaud** hat man am nördlichen Ende der Einkaufsstraße Váci utca die Gelegenheit, dem Großstadtgetümmel für eine Weile zu entfliehen und bei verführerischen Törtchen die Atmosphäre der Zeit um 1900 zu genießen. Wer Süßes mag, sollte der Konditorei seine Hochachtung erweisen – speziell der köstlichen Gerbeaud-Schnitte.

Die **Konditorei Hauer** auf der Rákóczi út wurde originalgetreu nach alten, vergilbten Familienfotos aus der Zeit des Dynastiegründers Rezső Hauer nachgebaut. Im legendären **New York Kávéház** trafen sich einst Dichter und Denker.

- **Café Gerbeaud**
  V. | Vörösmarty tér 7
  www.gerbeaud.hu
  Mo–So 9–21 Uhr
- **Café Hauer**
  VIII. | Rákóczi u. 49
  Mo–So 9–22 Uhr
- **New York Kávéház**
  VII. | Erzsébet krt. 9–11
  Mo–So 9–24 Uhr

Lektüre und Livemusik

Weniger bekannt als die Klassiker, aber ebenfalls mit Stil und Charakter laden einige Cafés zu Musik und Lektüre ein. Im **Café Jedermann** im Haus des Goethe-Instituts liegen auch deutsche Tageszeitungen aus. In fast allen Häusern gibt es Livemusik von Jazz bis Klassik.

- **Café Jedermann**
  IX. | Ráday u. 58
  Haus des Goethe-Instituts
  Tgl. 8–1 Uhr, Mi Jazz-Sessions
- **Komédiás Kaffeehaus**
  Abends Barmusik, Cocktails bei dezenten Klavier- und Saxofonklängen.
  VI. | Nagymező u. 26
  Nähe Oktogon/Andrássy út
  Mo–Fr 8–24, Sa, So 13–24 Uhr
- **Café Incognito**
  Jazzkonzerte in der Nähe der Musikhochschule; neben Kaffeespezialitäten auch gutes Cocktail-Angebot.
  VI. | Liszt Ferenc tér 3
  So–Mi 12–24, Do–Sa 14–2 Uhr

Kaffee in historischem Ambiente

Nicht ohne Grund wurde die stilvolle Renovierung des Eckgebäudes mit dem **Centrál Kaffeehaus** durch Verleihung des Budapester Architekturpreises besonders gewürdigt.

Das **Első Pesti Rétesház** (Erstes Pester Strudelhaus) in einem denkmalgeschützten Gebäude von 1812 hat sich der hohen Kunst dieses luftig-leichten, lecker gefüllten Gebäcks verschrieben.

Das **Café Ruszwurm** im Burgviertel schrieb ein Kapitel Konditoreigeschichte.

- **Centrál Kávéház**
  V. | Károlyi M. u. 9
  Mo–So 8–23 Uhr
- **Első Pesti Rétesház**
  V. | Október 6. u. 22
  Mo–So 9–23 Uhr
- **Café Ruszwurm**
  I. | Szentháromság tér 7
  www.ruszwurm.hu
  Mo–So 10–19 Uhr

K. u. K.-Flair im Centrál Kávéház

TOP-TOUREN › Pester Innenstadt › **8** **Zentrum**

› Karte
S. 80

***Donaukorso**

Vom Vigadó tér, wo sich auch der Anleger für die Ausflugsschiffe befindet, führt die Flaniermeile auf dem Belgrád rakpart den Fluss entlang, gesäumt von exklusiven Cafés und Restaurants. Angelegt wurde der Korso Ende des 19. Jhs. anlässlich der Jubiläumsfeierlichkeiten zur 1000-jährigen Landnahme der Ungarn. Es war die große Zeit des Korsos, damals entstanden auch die Luxushotels Carlton, Ritz und Bristol. Die Bauten am Donauufer fielen dem Zweiten Weltkrieg zum Opfer. Ende der 1960er-Jahre begann man

mit der Restaurierung des Prachtboulevards. Als erstes Hotel entstand das Duna Intercontinental, das heutige **Marriott** › S. 21. 1981 folgte das Forum, das heutige **Intercontinental** › S. 21, und ein Jahr später das eindrucksvolle Atrium Hyatt mit seinen begrünten Galerien, heute das **Sofitel Budapest Chain Bridge** › S. 21.

Zwischenstopp: Restaurant

Bibliotek-Lounge ●●

Nicht nur Gäste des Sofitel können hier eine breite Palette von Spezialitäten genießen. Die Auswahl an Desserts, haus-

Touren durch die Pester Innenstadt

Tour ⑧
Bummel durchs Zentrum

1. Vörösmarty tér
2. Redoute am Vigadó tér
3. Donaukorso
4. Elisabethbrücke
5. Petöfi tér
6. Innerstädtische Pfarrkirche
7. Einkaufsmeile Váci utca
8. Franziskanerkirche
9. Freiheitsbrücke
10. Zentrale Markthalle

Tour ⑨
Rund um den Kálvin tér

11. Hotel Astoria
12. Nationalmuseum
13. Kossuth Radio
14. Kálvin tér
15. Reformierte Kirche
16. Bibelmuseum
17. Kunstgewerbemuseum

Tour ⑩
Im Parlamentsviertel

18. Széchenyi István tér
19. Kettenbrücke
20. Kossuth Lajos tér
21. Parlament
22. Postsparkasse
23. St.-Stephan-Basilika

gemachtem Gebäck und exotischen Kaffeesorten ist beeindruckend. Auch kleine Gerichte stehen auf der Karte. Das farbenfrohe Ambiente und das durchs Atrium einfallende Sonnenlicht wirken entspannend und einladend. Hier lässt es sich herrlich schmökern.

- Hotel Sofitel
- Tgl. 10–20 Uhr

Elisabethbrücke [4]

Nun folgt ein Bummel zurück, vorbei am Vigadó tér und entlang der Donau. Von hier fällt der Blick auf die Elisabethbrücke, benannt nach Kaiserin »Sissi«, der von den Ungarn verehrten Gattin Kaiser Franz Josephs I. Einst die längste Hängebrücke der Welt, wurde sie 1945 völlig zerstört. Im Gegensatz zu den anderen Budapester Brücken hat man sie in den Jahren 1961–1964 im zeitgenössischen Stil neu erbaut. Pál Sávoly schuf hier die erste Kabelbrücke Europas.

Rund um den Petőfi tér [5]

Auf dem Petőfi tér errichtete man 1882 ein **Denkmal** für den Nationaldichter und Volkshelden **Sándor Petőfi**, einen der Wortführer der Märzrevolution des Jahres 1848. Es zeigt ihn, wie er erstmals den gebannt lauschenden Zuhörern sein »Nationallied« vorträgt. Einen Besuch wert ist auch die ***Griechisch-Orthodoxe Kirche** (1791–1794) an der Ostseite des Platzes. In Pest lebende Griechen gaben die Errichtung dieses Gotteshauses im Jahre 1791 in Auftrag. Eine Besichtigung ist jeweils vor und nach den Gottesdiensten möglich.

*Péterffy Palais

Das einzige erhaltene barocke Wohnhaus in Pest ist um die Ecke in der Pesti Barnabás utca 2 zu sehen. Es wurde 1755 von einem Salzburger Architekten gebaut. Interessant ist, wie tief der Eingang des Hauses unter dem Niveau der Straße liegt. So verliefen die Straßen in Pest noch während des 18. Jhs.

Zwischenstopp: Restaurant

Százéves ●●–●●●

Im Erdgeschoss des Péterffy Palais verköstigt die älteste Pester Traditionsgaststätte Százéves (»das Hundertjährige«) seit 1831 hungrige Gäste.

- V. | Pesti Barnabás utca 2
- Tel. 318-3608
- Tgl. 12–24 Uhr

*Innerstädtische Pfarrkirche [6]

Am Március 15 tér steht das älteste Gebäude in Pest. Die Pfarrkirche wurde 1725 bis 1739 im Barockstil unter Verwendung eines gotischen Vorgängerbaus erbaut, der wiederum aus Steinen der römischen Festung Contra Aquincum erstellt wurde. Weitere Relikte sind hinter der Kirche zu besichtigen.

Zwischenstopp: Restaurant

Matthiaskeller (Mátyás Pince) ●●●

Was den Münchnern ihr Hofbräuhaus, ist den Pestern der Matthiaskeller. Hier genießt man traditionelle ungarische Küche in großzügig bemessenen Portionen, abends spielt eine Zigeunerkapelle.

- V. | Március 15. tér 7
- Tel. 266-8008
- www.matyaspince.eu
- Tgl. 11–24 Uhr

Einkaufsmeile Váci utca, rechts das Portal der St. Michaelskirche

Váci utca

Die Váci utca war bereits im 19. Jh. eine wichtige Einkaufsstraße und zählte vor dem Ersten Weltkrieg zu den berühmtesten Boulevards Europas. Der mondäne Teil der Flaniermeile parallel zur Donau beginnt am Vörösmarty tér und ist größtenteils Fußgängerzone. Hier reihen sich Luxusgeschäfte, Buchhandlungen, Cafés und Antiquitätenläden aneinander. Man sollte auch in die verwinkelten Passagen, Gassen und Höfe schauen. Oft kann man hier noch die aus dem alten Wien bekannten Pawlatschen sehen, balkonartige Außengänge, die zu den Wohnungen führen.

Beim Bummel fällt der Blick immer wieder auf interessante architektonische Details. Haus Nr. 11 mit den zierlichen Türmchen und filigranen Ornamenten wurde vom ungarischen Jugendstilpabst Ödön Lechner erbaut. Ein Juwel des Jugendstils ist auch das Haus Nr. 13 gleich nebenan.

Shopping

Hampel Katalin

Den Salon der Modedesignerin Katalin Hampel findet man im Hof des Hauses Nr. 8. Sie kreiert zauberhafte Abendkleider mit Anklängen an ungarische Trachten und k. u. k. Uniformen.
- V. | Váci utca 8
- Tel. 318-9741
- www.hampelkati.com

Valéria Fazekas

Farbenfrohe und witzige Hutkreationen.
- Váci u. 50
- Tel. 337-5320
- www.valeriafazekas.com

Als Fashion Street internationaler Labels etablierte sich die **Deák Ferenc utca** zwischen Vörösmarty und Deák tér.

Thematische Stadtführungen

Budapest Underguide
Sie interessieren sich für trendiges Budapester Modedesign, suchen nach originellen Mitbringseln oder möchten ungarische Spezialitäten probieren? Zu all diesen Themen bietet Budapest Underguide maßgeschneiderte Touren an.
- Tel. 30-908-1597
- www.underguide.com

*Klothildenpaläste
Weitaus ruhiger wird die Váci utca nach Süden hin. In Richtung Ferenciek tere gehend fällt der Blick rechts auf zwei spiegelbildlich gebaute große Gebäude beiderseits der Szabadsajtó út. Die Klothildenpaläste entstanden 1902 als Miethäuser und galten damals weltweit als architektonische Sensation. Für den Entwurf zeichneten die Architekten Kálmán Giergl und Flóris Korb verantwortlich, Auftraggeberin war Österreichs Erzherzogin Klothilde.

Jenseits der Szabadsajtó út erreicht man den älteren Teil der Váci utca: nicht so mondän, aber ebenfalls von interessanten Geschäften und Lokalen gesäumt.

Shopping

Alföldi Porcelánház
Traditionelle Keramik aus der ungarischen Tiefebene.
- Váci u. 46
- Tel. 266-3165

Franziskanerkirche 8
Die Kirche wurde von 1727 bis 1743 als barocke Hallenkirche erbaut, an der Stelle eine Klosters aus dem 13. Jh., das die Türken 1541 in eine Moschee umwandelten. Eine Marke an der Kirchenmauer zeigt, wie hoch das Wasser bei der Flutkatastrophe 1838 stand. Das Bronzerelief »Schiffer in der Flut« von Barnabás Holló erinnert an Miklós Wesselényi, der damals vielen Menschen das Leben rettete.

Zwischenstopp: Restaurant

Jégbüfé
Beste Eisdiele und leckere Kuchen.
- V. | Ferenciek tere 10
- Tgl. 7–21.30, Mi bis 20.30 Uhr

Inneres der Franziskanerkirche

*Freiheitsbrücke 9

Die Freiheitsbrücke (Szabadság híd) am Fővám tér wurde anlässlich der Millenniumsfeiern am 4. Oktober 1896 eröffnet: Der österreichische Kaiser und ungarische König Franz Joseph setzte damals höchstpersönlich einen Dampfhammer in Bewegung, um die letzte Niete (aus Silber bestehend und mit den Initialen F. J. versehen) in die Stahlkonstruktion einzuschlagen. Links und rechts der Straße stehen zwei Zollhäuschen, im linken ist »Franz Joseph«, der frühere Name der Brücke, eingemeißelt.

7 Zentrale Markthalle 10

Das ausladende Gebäude aus Stahl und Glas gegenüber dem Fővám tér wurde Ende des 19. Jhs. erbaut; damals war es eine der modernsten Markthallen Europas. Die Händler konnten ihre Ware auf einem unterirdischen Kanal von der Donau bis unmittelbar in die Halle transportieren lassen.

1993/1994 wurde die Halle originalgetreu renoviert, zur Wiedereröffnung fand sich sogar die englische Queen ein. Es macht Spaß, zwischen den Ständen zu bummeln und die Berge von frischem Obst und Gemüse zu bewundern. Unbedingt einen Besuch wert ist die **Marktgalerie** im 1. Stock. Hier genehmigen sich Einheimische wie Touristen zu *lángos* › **S. 27** oder *kolbász* › **S. 26** ein Bierchen oder Höherprozentiges. Mit Marktprodukten kocht Fakanál › **S. 29**. Gegenüber füllen Unmengen bunter Stickereiwaren und Häkelarbeiten die Stände.

Tragwerk der Freiheitsbrücke

Rund um den Kálvin tér

Tour-Übersicht:

Verlauf: Hotel Astoria › **Nationalmuseum** › **Kálvin tér** › **Ráday utca** › **Kunstgewerbemuseum**

Dauer: 3 Std. zu Fuß
Praktische Hinweise:
- Man sollte die Tour am späten Vormittag beginnen, wenn das Kneipenleben in der Ráday utca erwacht.
- Start- und Endpunkt: Ⓜ **Astoria** bzw. Ⓜ **Corvin negyed**

Tour-Start:
Hotel Astoria 11

Das legendäre Hotel Astoria › **S. 22**, von dem die Metrostation ihren Namen erhielt, ist eines der ältesten

Luxushotels der Stadt und war Kulisse vieler Filmproduktionen. Hier beginnt der **Múzeum körút**, Teil des Kleinen Rings. Die rechte Straßenseite begleiten die typischen Wohnhäuser im Stil des Historismus mit Läden im Erdgeschoss. Bücherwürmer und Liebhaber bibliophiler Kostbarkeiten kommen angesichts der Vielzahl an Antiquariaten und Buchhandlungen gewiss ins Stöbern, Schmökern und Schwärmen. Ebenso haben Sammler von Münzen, Anstecknadeln und Militaria eine große Auswahl.

Shopping

Központi Antikvárium
Das hervorragend sortierte Antiquariat bietet Bücher aller Sparten, Stiche und Landkarten an.
- VIII. | Múzeum krt. 13–15
- www.kozpontiantikvarium.hu

Honterus
Das Antiquariat ist auch als Auktionshaus bekannt.
- VIII. | Múzeum krt. 35
- www.honterus.hu

*Nationalmuseum 12

In einem kleinen Park erhebt sich der schönste klassizistische Palast Ungarns. Von 1837 bis 1847 wurde er nach den Plänen von Mihály Pollack errichtet, um die 1802 von Graf Ferenc Széchényi begründete nationale Sammlung aufzunehmen. Die prächtige Innenausstattung entwarfen Mór Than und Károly Lotz. Ständige Ausstellungen dokumentieren die Geschichte Ungarns von der Frühzeit bis 1990; eine Kostbarkeit ist der über 1000 Jahre alte **Krönungsmantel** Stephans I. Neu eingerichtet wurde das **Lapidarium** mit römischen Funden und mittelalterlichen Grabsteinen, dazu ein Café und ein Museumsshop (Múzeum krt. 14–16, Di–So 10–18 Uhr, www.hnm.hu).

Auf den Stufen dieses klassizistischen Gebäudes nahm der ungarische Freiheitskampf von 1848 seinen Ausgang. Am 15. März trug der junge Dichter Sándor Petőfi hier den versammelten Pestern sein Gedicht »Nationallied« *(Nemzetidal)* vor, hier wurden die Forderungen nach bürgerlichen Freiheiten verkündet. In der Folge brach auch in Ungarn die Revolution aus.

Kossuth Radio 13

Mit einem kleinen Abstecher kann man den Schauplatz eines anderen Volksaufstandes hinter dem Nationalmuseum in der Bródy Sándor utca aufsuchen. Dort befindet sich der Komplex des staatlichen Kossuth Radios.

Am 23. Oktober 1956 drängten sich Studenten und Demonstranten vor den Eingangstüren; sie wollten die Bekanntgabe ihrer Forderungen

SEITENBLICK

Nationallied
»Auf! Die Heimat ruft, Magyaren! Jetzt heißt's: sich zusammenscharen! Wollt ihr frei sein oder Knechte? Hier die Frage, wählt das Rechte! Schwört beim Gotte der Magyaren, schwört den Eid, schwört den Eid, dass ihr vom Joche Euch befreit!«

über den Rundfunk erreichen: u. a. den Sturz des Diktators Rákosi und freie Wahlen. Daraufhin eröffnete der Staatssicherheitsdienst ÁVH das Feuer auf die Menge. Es begannen gewaltsame Auseinandersetzungen, die nach einiger Zeit auf die ganze Stadt übergriffen.

Biegt man in die Szentkirályi utca rechts ab, gelangt man an Universitätsinstituten vorbei zum idyllischen **Mikszáth Kálmán tér**. Unter den Sonnenschirmen der Straßencafés kann man herrlich entspannen.

Zwischenstopp: **Restaurant**

Zappa Caffe

Disko und Konzerte in der Kellerbar. Zur Freude aller Frank Zappa-Fans sind die Wände mit überlebensgroßen Gemälden des Rockidols dekoriert.
- VIII. | Mikszáth Kálmán tér 2
- Tel. 20-972-1711
- Mo–Do 10–24, Fr 10–2, Sa 12–2, So 12–24 Uhr

Kálvin tér 14

Über Reviczky utca und Baross utca gelangt man zum Kálvin tér. Der verkehrsreiche Platz ist von alten und modernen Bank-, Versicherungs- und Hotelgebäuden umrahmt. Hier entstand eine neue Metrostation für die noch im Bau befindliche Linie 4.

Reformierte Kirche 15

Einen Kontrast zu den Großbauten am Platz bildet die Reformierte Kirche, die im 19. Jh. im Stil der Neogotik errichtet wurde. Die Säulenvorhalle entwarf József Hild, ebenso die Orgelempore und die Kanzel.

Das Nationalmuseum informiert über die Geschichte Ungarns

Die berühmten Glasfenster sind Arbeiten von Miksa Róth (Besichtigung vor und nach Gottesdiensten).

Auf dem Vorplatz erinnert eine Statue an den Schweizer Reformator **Calvin** (1509–1564), zu dessen Glaubenslehre sich rund ein Viertel aller Ungarn bekennt.

Links neben der Kirche fällt das barocke **Zwei-Löwen-Haus** auf, benannt nach den Steinskulpturen über der Toreinfahrt des einstigen Gasthauses, heute Rektorat der Reformierten Universität. Es ist ein schönes Relikt der Pester Altstadt vor Einsetzen des Baubooms Ende des 19. Jhs.

Ráday utca

In diesem Sträßchen vollzog sich in den letzten Jahren ein auffälliger Wandel. Es wurde neu gepflastert und in eine belebte Fußgängerzone

TOP-TOUREN › Pester Innenstadt › **9 Kálvin tér**

› Karte S. 80

1896 von Kaiser Franz Joseph eröffnet: das Kunstgewerbemuseum

mit Straßencafés umgewandelt. Auch die Häuser hat man herausgeputzt, so dass Boutiquen, Galerien, Szenelokale und Pubs wie Pilze aus dem Boden schossen.

Zwischenstopp: Restaurants

Soul Café ●●
Gute ungarische und internationale Küche in gemütlichem Ambiente.
- IX. | Ráday u. 11–13
- Tel. 217-6986
- www.soulcafe.hu

iF Café ●●
Jazzabende und Kunstausstellungen.
- IX. | Ráday u. 19
- Tel. 299-0694
- www.ifkavezo.hu

Nightlife

Kultstatus besitzt die Ráday utca bei Fans von Jazz und Soul. Langeweile ist hier unbekannt – irgendwo gibt's immer eine Session, ist immer etwas los!

Bibelmuseum 16

Das Biblia Múzeum ist wegen Renovierung vorübergehend geschlossen. Eine kleine Ausstellung mit historischen Bibeldrucken kann in der Ráday-Bibliothek des Hauses besichtigt werden. Man beachte den Aushang.

Zwischenstopp: Restaurants

Café Jedermann ●
Im Musik-Café beim Goethe-Institut kann man schon zum Frühstück deutsche Tageszeitungen studieren. Preiswerte Mittagsmenüs, mittwochs Jazzabend
› S. 79.
- IX. | Ráday u. 58

Kaltenberg Étterem ●
Großes Kellerlokal mit gemütlichen Nischen. Das Bier kommt aus der hauseigenen Brauerei.
- IX. | Kinizsi u. 30–36
- Tel. 215-9792
- www.kaltenberg.hu

Parlamentsviertel ‹ Pester Innenstadt ‹ TOP-TOUREN

*Kunstgewerbemuseum 17

Nach London und Wien wurde im Jahre 1872 das dritte Kunstgewerbemuseum (Iparművészeti Múzeum) Europas in Budapest gegründet. Erst 1896 bezog es einen eigenen Bau, für den Ödön Lechner und Gyula Pártos die Ausschreibung gewonnen hatten. Schon von Ferne zieht die Kuppel aus farbiger Zsolnay-Majolika die Aufmerksamkeit auf sich. Der orientalische Traum konkretisiert sich am Haupteingang, und auch die geschwungenen Formen im Inneren, das lichtdurchflutete Atrium, die Galerien und Glasmalereien setzen Lechners ungarische Jugendstilvariante fort.

Im Besitz des Kunstgewerbemuseums befinden sich Meisterstücke ungarischer und internationaler Handwerker und Künstler aus mehreren Jahrhunderten: Glas, Keramik, Goldschmiedekunst, Trachten, Textilien u. v. a. m. Wechselausstellungen ergänzen das Programm (Üllői u. 33–37, Di–So 10–18 Uhr, www.imm.hu).

In der Außenstelle des Kunstgewerbemuseums im barocken **Schlossmuseum Nagytétény** im Süden von Budapest hat die Sammlung für europäische Möbelgeschichte einen repräsentativen Platz gefunden (XXII., Kastélypark u. 9–11, März–Dez. Do–So 10–18, Jan., Febr. nur Fr–So 10–16 Uhr, www.nagytetenyi.hu. Vom Busterminal am Móricz Zsigmond körtér im Budaer XI. Bezirk mit Bus Nr. 33/33A zur Haltestelle Petőfi Sándor útca/Kastélymúzeum, von dort 5 Min. Fußweg).

 **Im Parlamentsviertel**

Tour-Übersicht:

Verlauf: Vörösmarty tér › Gresham-Palast › Kettenbrücke › Ethnografisches Museum › Parlament › St.-Stephans-Basilika

Dauer: 3-4 Std. zu Fuß
Praktische Hinweise:
- Startpunkt ist die Metrostation Ⓜ **Vörösmarty tér,** vom Endpunkt der Tour gelangt man in nur wenigen Schritten bis zur Metrostation Ⓜ **Bajcsy-Zsilinszky út**.
- Das Parlament kann nur im Rahmen einer Führung betreten werden: Deutschsprachige Führungen finden finden Mo–So 10, 13 und 13.45 Uhr statt.
- Zu einer Pause lädt der Park auf dem Szabadság tér ein. Einen günstigen Imbiss bekommt man wochentags in der kleine Markthalle in der Hold utca.
- Die St.-Stephans-Basilika veranstaltet regelmäßige Konzertreihen, montags um 17 Uhr finden Konzerte auf Budapests schönster und größter Orgel statt (Infos unter www.bazilika.biz).

Tour-Start:

Auch diese Tour beginnt am **Vörösmarty tér** › S. 76, führt nun aber in die entgegengesetzte Richtung: ins Parlamentsviertel, die Leopoldstadt. Dieses Viertel ist eines der jüngsten und kleinsten der Stadt. Bevor Mitte des 19. Jhs. mit der Bebauung begonnen wurde, war das Gebiet noch ein versumpftes Uferstück. Vom Vörösmarty tér führt der Weg rechts am Café Gerbeaud vorbei zum József Nádor tér, einem hübschen kleinen Platz, umgeben von einigen schönen klassizistischen Miethäusern. Er ist benannt nach Erzherzog Joseph, einem Sohn von Kaiser Leopold II., der von 1795 bis 1848 Stellvertreter des ungarischen Königs war. Sein Denkmal steht in der Mitte des Platzes.

Széchenyi István tér 18

Über die Dorottya utca läuft man weiter zur József Attila utca und biegt dort links Richtung Donau ab, um zum Széchenyi István tér zu gelangen. An diesem Platz ziehen der Jugendstilbau des Gresham-Palastes an der Ostseite und das Déak-Denkmal den Blick auf sich.

*Gresham-Palast

Der Jugendstilkomplex entstand von 1904 bis 1907 als Sitz der gleichnamigen britischen Versicherungsgesellschaft. Er galt zur Zeit seiner Erbauung als außergewöhnlich luxuriös, verfügte er doch über Zentralheizung und Fahrstühle. Legendären Ruf erlangte die »Greshamer Tischgesellschaft«, ein Zirkel, der sich zwischen den Weltkriegen wöchentlich im Café des Hauses traf. An der Vorderseite des Palastes ist das vergoldete Porträt des Gründers der Gesellschaft, Sir Thomas Gresham, zu sehen. Die Hotelkette Four Seasons eröffnete in dem imposanten Gebäude ein märchenhaft schönes **Luxushotel** › S. 22.

Déak-Denkmal

Dominiert wird der Széchenyi István tér vom wuchtigen Bau des Hotels **Sofitel Budapest Chain Bridge** › S. 21 an der südlichen Stirnseite. Auch hier lohnt ein kurzes Verweilen. Vor dem Hotel wurde Ferenc Déak ein Denkmal gesetzt. 1867 verhandelte er mit Österreich den Ausgleich, aus dem die Doppelmonarchie hervorging.

*Akademie der Wissenschaften

Der Komplex im Neorenaissancestil (1864/1865) beherrscht den Norden des Széchenyi István tér. Architekt der Ungarischen Akademie war der Berliner Friedrich August Stüler, Bauleiter der berühmte Miklós Ybl. An der Hauptfassade erkennt man auf Höhe des zweiten Stocks Allegorien der sechs damaligen Fakultäten: Jura, Naturwissenschaften, Mathematik, Philosophie sowie Sprach- und Gesellschaftswissenschaften.

**Kettenbrücke 19

Gegenüber dem Déak-Denkmal steht das des Grafen István Széchenyi, dem Mitbegründer der legendären Donaudampfschifffahrtsgesellschaft. Er finanzierte die Ungarische Akademie der Wissenschaften und den Bau der Kettenbrücke, die seinen Namen trägt (Széchenyi lánchíd). Am besten ist die Brücke, ein Budapester Wahrzeichen, natürlich von der Burg aus zu sehen, doch auch vom Széchenyi István tér bietet sich ein imposantes Bild. Eröffnet wurde sie 1849 als erste feste Donaubrücke der Stadt.

Blick über die Kettenbrücke zum Parlamentsgebäude

Im Sommer findet an den Wochenenden auf beiden Seiten der Kettenbrücke das **Brückenfest** mit Musik, Theater und einem Kunsthandwerksmarkt statt.

Tänzer-Haus

Nun führt der Weg an der Donau entlang oder durch die Akadémia utca, vorbei an klassizistischen Gebäuden wie dem 1836 erbauten Tänzer-Haus mit der Nr. 1–3, bis zum Kossuth Lajos tér, dem großen Platz vor dem Parlament.

Die Neugestaltung des Platzes, der in Zukunft vom Autoverkehr komplett freigehalten werden soll, umfasst eine Tiefgarage sowie den Bau eines modernen Besucherzentrums unter dem Parlament.

SEITENBLICK

Baumeister der Kettenbrücke

Graf István Széchenyi, der Erbauer der Kettenbrücke, hatte sich in diversen europäischen Metropolen ein Bild von zeitgemäßer Brückenarchitektur gemacht, bevor er die Engländer William und Adam Clark mit der Planung der 375 m langen und 2000 t schweren Brückenkonstruktion beauftragte. Adam Clark hatte bei der Eröffnung verkündet, wenn jemand einen Fehler an der Brücke entdecke, würde er sich in die Donau stürzen. Später wählte er tatsächlich den Freitod; bis heute hält sich die Legende, er habe dies getan, weil den steinernen Löwen vor den klassizistischen Torbögen die Zunge fehlte.

Clark baute auch den nach ihm benannten Tunnel durch den Burgberg – die Verlängerung der Kettenbrücke. Bereits 1900 wurde die 1849 errichtete Brücke abgerissen und durch eine stärkere ersetzt. Ein Neubau erfolgte auch 1949, nachdem die Deutschen die Brücke 1945 gesprengt hatten.

TOP-TOUREN › Pester Innenstadt › ⑩ **Parlamentsviertel**   › Karte S. 80

Die imposante Eingangshalle des Ethnografischen Museums

Kossuth Lajos tér ⑳

Der Platz, an dem das Parlament liegt, wurde nach dem Führer der Unabhängigkeitsbewegung von 1848/49, dem späteren Präsidenten Lajos Kossuth benannt. Das Denkmal im hinteren Teil des Platzes zeigt ihn im Kreise seiner Anhänger. Der Reiter im vorderen Teil ist Ferenc II. Rákóczi, Fürst von Siebenbürgen und Ungarn. Er kämpfte für die verfassungsmäßigen Rechte der ungarischen Krone und stellte sich von 1703 bis 1711 an die Spitze des Kurutzenaufstandes gegen die Habsburger.

*Ethnografisches Museum

Das Museum in Haus Nr. 12 war einst die Ungarische Nationalgalerie. Errichtet wurde das Gebäude 1893–1896 nach Plänen von Alajos Hauszmann, ursprünglich als Justizpalast. Darauf weisen die Statuen an der 125 m langen neobarocken Hauptfassade hin, die Gesetz und Gerechtigkeit symbolisieren. Ferner sollte man einen Blick auf die atemberaubenden Deckenfresken von Károly Lotz in der riesigen Eingangshalle werfen.

Heute beherbergt das Gebäude das Ethnografische Museum (Néprajzi Múzeum), das Gebrauchsgegenstände und Volkskunst aus Ungarn zeigt, darunter die Einrichtungen von 25 Bauernhäusern aus allen Teilen des Landes. Sonderausstellungen sind u. a. bäuerlichen Stickereien und Sammlungen aus außereuropäischen Kulturen gewidmet (Di–So 10–18 Uhr, www.neprajz.hu).

**Parlament ㉑

Das den Kossuth Lajos tér eindeutig beherrschende Gebäude ist das Parlament. Das riesige Bauwerk sollte sich nach dem Willen seiner Planer an den englischen Houses of Parliament orientieren und an die dort funktionierende Demokratie erinnern. In Wirklichkeit ist das ungarische Parlamentsgebäude sogar um einiges größer geraten. Der Bau wurde im Dezember des Jahres 1880 beschlossen. Und die Habsburger Regierung in Wien hatte nichts mehr dagegen einzuwenden, denn die Beziehungen zu Österreich hatten sich weitgehend normalisiert.

Viele Architekten bewarben sich um den Auftrag, die meisten Entwürfe sahen einen Bau im Stil der

Neorenaissance vor. Den Zuschlag erhielt aber schließlich Imre Steindl, der sich an der englischen Neogotik orientierte. Steindl schuf zwischen 1885 und 1902 eines der größtdimensionierten Bauwerke der damaligen Welt: 268 m lang, 118 m breit und 96 m hoch.

Steindl beließ es nicht bei der reinen Neogotik. Er verlieh dem Bau mit der Neorenaissance-Kuppel einen italienischen Touch, integrierte neoromanische Arkadengänge und verarbeitete bei der Innenausstattung byzantinische, venezianische und barocke Elemente. Im Südflügel tagte bis zu seiner Auflösung 1945 das Oberhaus, heute beherbergt er die Nationalversammlung. Sämtliche Sitzungs- und Tagungsräume sind mit Fresken, Gemälden und Gobelins geschmückt.

st-!assig Im Parlament ausgestellt sind die Heilige Krone und die ungarischen Krönungsinsignien – Reichsapfel und Zepter. Das Gebäude kann nur im Rahmen von Gruppenführungen besichtigt werden (Ermäßigungen für EU-Bürger bei Vorlage des Ausweises, Führungen in deutscher Sprache tgl. 10, 13 und 13.45 Uhr, Änderungen bei Plenarsitzungen vorbehalten).

Der Weg führt anschließend am Októberi vértanúk tere vorbei zurück in die Vécsey utca.

Szabadság tér

Die Vécsey utca führt direkt auf den Szabadság tér, den Freiheitsplatz. Auf diesem prachtvollen Areal stand bis 1897 ein Gefängniskomplex, in dem 1849 der Ministerpräsident der ersten konstitutionellen Regierung, Graf Lajos Batthyány, inhaftiert und später erschossen wurde. Der hufeisenförmige Szabadság tér ist gesäumt von herrlichen Gebäuden im Jugendstil und im Stil des Historismus. An der Westseite steht das Gebäude des Ungarischen Fernsehens (MTV), gegenüber das der Nationalbank (beide Gebäude wurden um 1900 von Ignác Alpár erbaut).

**Postsparkasse 22

Das Prunkstück des Platzes ist jedoch die Postsparkasse in der Hold utca 4. Dieses Jugendstil-Wunderwerk wurde von 1899 bis 1902 von Ödön Lechner geschaffen. Er experimentierte mit Elementen der persischen, indischen und ungarischen

Dach der Postsparkasse

Volkskunst. Das Dach ist mit farbigen sechseckigen Ziegeln gedeckt, der Giebelbereich mit fantasievollen Majolika-Motiven verziert. Lechner verwendete für das Gebäude glasierte Tonplatten, die er in der Keramikfabrik Zsolnay im südungarischen Pécs herstellen ließ.

Das Haus war als Wohn- und Bankgebäude konzipiert, ein wellenförmiges Gesims trennte die Bereiche. 1992 wurde es restauriert; heute hat die ungarische Nationalbank hier ihren Sitz. Von der Nagysándor József utca hat man einen schönen Blick auf das bunte Dach. Von hier empfiehlt sich ein Abstecher in die **Markthalle**, wo es reichlich Gelegenheit zu einem Imbiss gibt (Hold u. 13).

> **Erst-klassig** — **Reizvolle Ausblicke auf Budapest**
> - Einen Postkartenblick auf die ungarische Donaumetropole genießt man von der **Fischerbastei** › S. 63 oder vom **Burgpalast** › S. 59 auf dem Burgberg aus.
> - Vom Gipfel des **Gellértberges** › S. 67 schweift der Blick weit in den Süden und über die Budaer Berge.
> - Die schönsten Panoramarundblicke über die Dächer von Pest hat man von der Kuppel der **St.-Stephans-Basilika** › S. 94 und von der riesigen Dachterrasse des **WestEnd City Centers** › S. 33, 102.
> - **Rundflüge** über Budapest und das Donauknie per Hubschrauber (www.helipest.hu) oder Flugzeug kann man in Tourismusbüros buchen.

Zwischenstopp: **Restaurant**

Tüköry Söröző ●
Eine Traditionsstammkneipe mit gutem, frisch gezapftem Bier vom Fass.
- Hold u. 15
- Tel. 302-3233
- Mo–Fr 10–24 Uhr

St.-Stephans-Basilika 23

Die St.-Stephans-Basilika (Szent István Bazilika) am Szent István tér ist die größte Budapester Kirche, sie bietet 8500 Menschen Platz. Erbaut wurde sie 1851–1905. 1868 stürzte die Kuppel aufgrund eines Konstruktionsfehlers ein, was die Fertigstellung des Baus erheblich verzögerte. Heute können Besucher die Spitze der Kuppel erklimmen und aus 65 m Höhe einen weiten Panoramablick über Budapest genießen (370 Stufen oder Lift, April–Okt.).

Die Glocken der Basilika wurden im Zweiten Weltkrieg eingeschmolzen. 1990 sammelten bayrische Wohlfahrtsverbände für ein neues Geläut – zum Dank dafür, dass Ungarn 1989 DDR-Bürgern die Grenze geöffnet hatte.

Die wertvollste Reliquie Ungarns wird in einer Seitenkapelle der St.-Stephans-Basilika aufbewahrt: die **Heilige Rechte**. Die reich verzierte Handreliquie König Stephans wird jährlich am 20. August in einer Prozession geehrt. Wertvolle Kleinodien präsentiert die Schatzkammer (Führungen Mo–Sa 10–15 Uhr, ständige Konzertreihen an verschiedenen Wochentagen, Infos unter www.bazilika.biz).

Deckenfresken im Postmuseum

Gründerzeitliches Pest

Das Beste!

- Nach einem Operettenbesuch den Abend stilvoll in einem noblen Restaurant ausklingen lassen › S. 99
- Weltberühmte Werke alter Meister bewundern – im Museum für Bildende Künste › S. 106
- Auf dem Petőfi-Flohmarkt nach potenziellen Schnäppchen stöbern › S. 109
- Einen Doppelten Schwarzen in einem der berühmten Kaffeehäuser genießen › S. 115

TOP-TOUREN › Pest der Gründerzeit

› Karte S. 104

Die Andrássy út, die Pester Prachtstraße, lädt mit ihren Geschäften, Cafés und Museen zum Flanieren ein, während das historische jüdische Viertel immer noch eine ganz eigene Atmosphäre ausstrahlt.

Beginnend mit dem politischen österreichisch-ungarischen Ausgleich 1867, inspiriert von den 1000-Jahr-Feiern Ungarns 1896 und Jahrhundertwendefeiern um 1900 bis hin zum Beginn des Ersten Weltkriegs erlebte Budapest einen Bauboom gigantischen Ausmaßes. Innerhalb weniger Jahrzehnte wurden rund um die mittelalterliche Pester Innenstadt einige neue Stadtbezirke aus dem Boden gestampft. Um 1910 überschritt die Bevölkerungszahl Budapests bereits die Millionengrenze, wobei Pest den größten Zulauf zu verzeichnen hatte. Mehrstöckige Geschäfts- und Wohnhäuser, Behörden im Stil des Eklektizismus und Jugendstils entstanden, vor allem aber bedeutende Kulturbauten. Nach Pariser Vorbild wurde der Prachtboulevard Andrássy út bis zum pompösen Heldenplatz unter städtebaulichen Aspekten geplant. Und damit kein Verkehr die Flanierenden störte, ließ man zugleich die erste U-Bahn auf dem europäischen Kontinent bauen.

Auch das jüdische Viertel in der Elisabethstadt – bis heute einer der authentischsten Budapester Stadtteile – erlebte ein rasantes Wachstum, da der politische Ausgleich für eine Zuwanderungswelle von Juden sorgte. Schon zuvor war die größte Synagoge Europas hier errichtet worden. Während des Zweiten Weltkriegs befand sich in diesem Bezirk das jüdische Getto.

Im Stadtwäldchen Városliget hinter dem Heldenplatz, einst Jagdrevier von König Matthias, wurde das größte Freizeitgelände Budapests angelegt. Hier befinden sich Zoo, Zirkus, die Burg Vajdahunyad und viele Sportanlagen. In der Nähe des Zoos liegt das berühmte Restaurant »Gundel«, dessen Name seit über 100 Jahren Inbegriff ungarischer Kochkunst ist. Das nach dem Erbauer der Kettenbrücke benannte Széchenyi-Bad im Stil eines Barockschlösschens ist das einzige Thermalbad auf der Pester Seite.

Prachtbau an der Ringstraße: der Budapester Westbahnhof

Touren im Pest der Gründerzeit

Auf Budapests Prachtstraße

Tour-Übersicht:

Verlauf: Deák tér › Andrássy út › Staatsoper › Musikakademie › Westbahnhof › Museum Haus des Terrors › KogArt Haz › Heldenplatz › Milleniumsdenkmal

Dauer: 3–4 Std. zu Fuß, Museumsbesuche sind nicht eingerechnet.
Praktische Hinweise:
- Ausgangs- und Endpunkt sind die Metrostationen Ⓜ **Deák tér** bzw. Ⓜ **Hősök tere.**
- Mit dem Bus Nr. 105 kann man auch eine Sightseeing-Tour auf der Andrássy út unternehmen.
- Wer will, kann einige Stationen mit der »kleinen U-Bahn« fahren. Sie verläuft nur wenige Meter unter der Straße, man hört die Wägelchen unter sich herrumpeln.
- Soll vom Heldenplatz aus noch das Stadtwäldchen erkundet werden, kann der Weg mit Tour 8 › S. 106 fortgesetzt werden.

Die Tour beginnt am Deák tér und führt entlang der fast 3 km langen Prachtstraße Andrássy út bis zum Heldenplatz. Am Weg liegen mehrere Museen und einige traditionsreiche Kaffeehäuser mit viel Flair. Nimmt man sich Zeit für eine Rast und für ausführliche Museumsbesuche, so kann man einen ganzen Tag für diese Tour veranschlagen.

Tour-Start: Deák tér 1

Der Deák tér ist einer der größten Plätze Budapests. Benannt wurde er nach Ferenc Deák, dem Politiker und ehemaligen Justizminister der revolutionären Batthyány-Regierung, der im Mai 1867 den historischen Ausgleich mit Österreich einleitete.

Er ist ein idealer Treffpunkt, da Schnittpunkt aller U-Bahn-Linien. Auch lässt es sich hier gut warten – an den Marktbuden bekommt man Snacks, Spezialitäten sowie Kunsthandwerk, vor dem Evangelischen Landesmuseum spielen oft Straßenmusikanten, meist Musikstudenten. Doch was man an der Oberfläche des Platzes sieht, ist lange nicht alles. Viel Leben spielt sich unterirdisch ab, in der Unterführung. Schon Ende des 19. Jhs. wurde hier die erste Metrostation gebaut.

Auf dem anschließen **Erzsébet tér** schuf man aus dem einstigen Zweckgebäude des Busbahnhofs das neueste spektakuläre Kulturzentrum der Innenstadt: das **Akvárium**. Unterirdische Konzertsäle, riesige Außenterrasse, ein Café, Restaurant, Nachtclub – dazu ein kleiner Wochenmarkt. Ab 12 Uhr bis in die frühen Morgenstunden ist für Unterhaltung gesorgt (Programminfo unter www.akvariumklub.hu).

Evangelisches Landesmuseum

In dem Museum am Deák tér 4 wird die Geschichte der ungarischen protestantischen Kirche dokumentiert. Zu sehen ist u. a. das Testament Martin Luthers, das er 1542 in Wittenberg schrieb (Di–So 10–18, im Winter 10–17 Uhr). Die angegliederte Kirche aus dem Jahre 1811 ist allein wegen ihrer schlichten, nahezu karg anmutenden Einrichtung einen Besuch wert.

Kleines U-Bahn-Museum
Das Földalatti Vasúti Múzeum zeugt von der großen Zeit der kleinen Bahn. Eröffnet wurde die Budapester Metro als erste Untergrundbahn auf dem Kontinent nach nur 20-monatiger Bauzeit anlässlich der Millenniumsfeierlichkeiten 1896. Nachdem die Andrássy út fertig war, wollte man verhindern, dass die Flaneure auf dieser Prachtstraße von zu viel Verkehr gestört wurden. Also baute man nur wenige Meter unter der Oberfläche verlaufende Tunnel und ließ das Bähnchen 3,65 km weit bis zu einer oberirdischen Haltestelle im Stadtwäldchen rumpeln. Das kleine Museum im stillgelegten Tunnel zeigt U-Bahn-Wagen der ersten Bauserie sowie allerlei Gebrauchsgegenstände und Mobiliar des Jugendstils (Fußgängerunterführung Deák tér, Di–So 10–17 Uhr).

***Andrássy út
Bereits Mitte des 19. Jhs. hatten die Planungen für die 1000-Jahr-Feiern Ungarns im Jahre 1896 begonnen. Für dieses bedeutende Ereignis sollte eine elegante Flaniermeile geschaffen werden, am besten vom zentralen heutigen Deák-Platz bis ins Stadtwäldchen. Der Architekt Miklós Ybl wurde in den 1870er-Jahren beauftragt, diese Straße auf dem Reißbrett zu entwerfen. Dabei entstand die seit 1987 zum UNESCO-Weltkulturerbe gehörende Prachtstraße, die an der Staatsoper, vielen Museen und herrschaftlichen Palästen sowie stilvollen Cafés vorbei bis zum Millenniumsdenkmal am Heldenplatz führt.

Bauten des Historismus
Der einheitlichen architektonischen Schöpfung mussten damals mehr als 200 alte Häuser weichen. Ybl beauftragte berühmte Standeskollegen mit der Planung, darunter Stars wie Ödön Lechner, dem es gewiss schwer fiel, seinem geliebten Jugendstil abzuschwören. Als Einziger hielt er sich nicht an die Vorgaben und ließ im Palais Drechsler › S. 100 den Jugendstil zart anklingen. Bei den meisten Bauten handelte es sich um Wohnhäuser wohlhabender Budapester Familien. Wie am Großen Ring sind sie drei- bis viergeschossig und haben meist zwei Treppenhäuser – ein prunkvolles für die Herrschaft, ein einfaches für das Gesinde, das meist in kleinen, dunklen Zimmern zum Hof hin untergebracht wurde. Später, in der Zeit des sozialistischen Regimes, wurden die meisten Wohnungen umgebaut und annähernd auf die gleiche Größe gebracht.

1885 waren die Arbeiten nach 14-jähriger Bauzeit beendet. Man konnte nun auf einer der pompösesten Straßen Europas lustwandeln. Jahrzehntelang erschien die Andrássy út überdimensioniert, während sich heute selbst auf den

Prachtbau im Stil der Neorenaissance – die Budapester Oper

vier Spuren bis in den Abend hinein der Verkehr staut. Allerdings sind die Bürgersteige breit genug – ein Spaziergang ist nach wie vor ein Erlebnis.

Saxlehner Palais 2

Gleich am Anfang der Andrássy út fällt links das Haus Nr. 3 auf, das 1884–1886 von Győző Czigler im Stil der Neorenaissance für András Saxlehner (1815–1889) erbaut wurde. Dieser gelangte mit der geschickten weltweiten Vermarktung seines Bitterwassers unter dem Namen »Hunyadi János« zu Reichtum. Besonders schön sind die Deckenfresken von Károly Lotz im Treppenhaus.

Am Haus Nr. 5 fallen besonders die Statuen und Säulen an der Fassade, das Deckenfresko in der Toreinfahrt und der Zierbrunnen im Hof ins Auge.

*Staatsoper 3 und Umgebung

Im gleichen Stil erbaut, doch wesentlich pompöser ist die Staatsoper (Nr. 22) auf der gegenüberliegenden Straßenseite. Die Pläne für das gewaltige Werk entwickelte von 1875 bis 1884 Miklós Ybl. Die Skulpturen in den Seitennischen neben der Auffahrt stellen Franz Liszt und Ferenc Erkel dar, mit dessen Nationaloper »Bánk bán« das Haus im Jahre 1884 feierlich eröffnet wurde.

Die Steinmetzarbeiten im ersten Geschoss stellen die vier Musen Terpsichore (Lyrik und Tanz), Erato (Liebeslied und Tanz), Thalia (Komödie) und Melpomene (Tragödie) dar; in der zweiten Etage sind 16 bedeutende Komponisten verewigt. Auch die Innenräume sind edel ausgestattet. Prunkstück ist der Große Saal für 1289 Zuhörer mit drei hufeisenförmigen Rängen und der von Károly Lotz bemalten Kuppel.

Jugendstil-Dekor schmückt das Foyer der Franz-Liszt-Musikakademie

Den Großen Saal zeichnet eine hervorragende Akustik aus, so dass die internationale Musikelite vor stets ausverkauftem Haus gastiert (Programm unter www.opera.hu, Führungen mit Minikonzerten tgl. 15 und 16 Uhr, Infos unter www.operavisit.hu).

Dieser erste Abschnitt der Andrássy út wird auch als Budapests Broadway bezeichnet, befinden sich doch in unmittelbarer Nähe mehrere Sprechbühnen, Varietés und das beliebte Operettentheater. Hier werden neben Werken Lehárs und Kálmáns auch moderne Musicals aufgeführt.

Palais Drechsler 4

Das Gebäude gegenüber dem Opernhaus, Nr. 25, ist eine weiteres Werk Ödön Lechners (1883). Das Palais fällt aus dem Rahmen seines sonstigen Schaffens, ist schlichter als gewohnt, da Lechner mit seinem Entwurf dem Opernhaus optisch keine Konkurrenz machen wollte. Der Name »Drechsler« geht auf den Inhaber des einstigen Cafés zurück, in das viele bedeutende Künstler und Komponisten einkehrten.

Ernst-Museum 5

In der Nagymező utca 8 sollte man sich das kleine Ernst-Museum ansehen, das 1912 von dem Mäzen Lajos Ernst gegründet wurde. Wechselausstellungen präsentieren Werke der ungarischen Avantgarde. Ödön Lechner gestaltete Eingang und Treppenhaus des Gebäudes (Di–So 11–19 Uhr, www.mucsarnok.hu).

Shopping

Mai Manó Galerie

Der Buchladen im Haus der Ungarischen Fotografie verkauft Originale bekannter ungarischer und internationaler Foto-

grafen, Kunstpostkarten und Bildbände. Das wunderschöne Fin-de-siècle-Gebäude beherbergt ein Fotomuseum sowie eine Bibliothek.
- VI. | Nagymező u. 20
- www.maimano.hu
- Mo–Fr 14–19, Sa, So 11–19 Uhr

 Zwischenstopp: **Restaurant**

Abszint ●●
Mediterranes Flair und innovative französische Küche zeichnen das Abszint aus. Das namengebende Kultgetränk wird in einem kleinen Glaszylinder serviert. Langsam lässt man das Konzentrat über ein Stück Zucker auf den Absinthlöffel tropfen und von dort zäh ins Trinkglas fließen, wo es mit Eiswasser verdünnt wird.
- VI. | Andrássy u. 34
- Tel. 332-49 93
- www.abszint.hu
- Tgl. 11–23.30 Uhr

Pariser Warenhaus 6
Auch in der Andrássy út 37 war Lechner am Werk. Einst war das Warenhaus (1909) eine führende Modehalle im Jugendstil. 2010 wurde es – komplett renoviert – wiedereröffnet. Im ehemaligen Casino mit prunkvollen Lotz-Fresken entstand ein elegantes Lese-Café, empfehlenswert ist auch die Buchhandlung.

Musikakademie 7
Ein Abstecher zur Musikakademie (Liszt Ferenc Zeneművészeti Egyetem), die 1875 von dem Komponisten gegründet wurde, ist Musikliebhabern sehr zu empfehlen. Hier unterrichteten die Großen ihres Fachs wie beispielsweise Bela Bártok und Zoltán Kodály. Die Zeneakadémia ist die wichtigste Ausbildungsstätte und ein gern besuchter **Konzertsaal** der Donaumetropole (Liszt Ferenc tér 8, › **S. 52**).

Der kleine **Liszt Ferenc tér** hat sich zu einem beliebten Szenetreffpunkt entwickelt. Rund um den Platz mit seinen alten Bäumen ziehen Trendlokale, Pubs und Cafés vorwiegend junges Publikum an.

Westbahnhof 8

Das Prunkstück des Großen Rings erreicht man am besten mit der Straßenbahn (ab Oktogon Linien 4 und 6): den Westbahnhof (Nyugati pályaudvar) am Nyugati tér, einen der wichtigsten Verkehrsknotenpunkte der Stadt. Schon 1846 verkehrten hier die ersten Züge.

Entstanden war der elegante Bau im Zuge der Euphorie zur Tausendjahrfeier. Ein repräsentativer Bahnhof sollte es werden. Also beauftragte man 1870 das Pariser Architekturbüro von Gustave Eiffel mit der Planung. Vier Jahre später begann man mit dem Bau des größten überdachten Raumes, der jemals in der k. u. k. Monarchie verwirklicht wurde. A. de Serres schuf ein neobarockes Abfahrts- und ein Ankunftsgebäude mit mächtigen Kuppeln, dazwischen setzte er eine 25 m hohe und 146 m lange Halle aus Glas und Stahl mit 42 m Spannweite. Die Streben transportierte man extra aus Paris heran. 1877 wurde der Bau eingeweiht.

1987 drohte dem denkmalgeschützten Prachtbau der Zusammenbruch. Geld für die Restaurierung

TOP-TOUREN › Pest der Gründerzeit › ⑪ Andrássy út

› Karte
S. 104

Zählt zu den attraktivsten Einkaufszentren Budapests: das WestEnd City Center

war nicht vorhanden, doch dank des Sponsorings eines Fastfood-Konzerns, der jetzt auch das Bahnhofsrestaurant betreibt, konnte der Bau schließlich saniert werden.

Shopping

WestEnd City Center
Der moderne Gebäudekomplex neben dem Westbahnhof besteht aus dem Hotel Hilton Westend, einem Bürohaus und dem Mega-Einkaufskomplex mit über 400 Geschäften, 40 Cafés und Restaurants, großem Multiplex-Kino, Casinos, Bowlingbahnen sowie einem imposanten Wasserfall namens »Niagara« in der Vorhalle. Oben auf dem Westend City Center erstreckt sich Mitteleuropas größter Dachgarten. Zahlreiche Veranstaltungen, Ausstellungen, ein Spielplatz

Erstklassig

und im Winter (Okt.–März) die Eislaufbahn locken in die grüne Oase in luftiger Höhe.
■ VI. | Váci u. 1–3
■ www.westend.hu

Ringstraße

Vom Bahnhof geht es zurück zum Oktogon tér: Hier kreuzt die Andrássy út den eindrucksvollen Großen Ring, der an dieser Stelle Teréz körút heißt. Auch er wurde anlässlich der Jahrtausendfeier 1896 eröffnet. Die Ringstraße um die Pester Innenstadt ist 4141 m lang und überall exakt 45 m breit. Ihre fünf Abschnitte heißen Szent István körút, Teréz körút, Erzsébet körút, József körút und Ferenc körút.

Das letzte lange Stück der Andrássy út bis zum Heldenplatz kann man mit dem Bus abkürzen, da dort überwiegend Clubs, Verbände und Botschaften ihren Sitz haben. Allerdings auch noch einige außergewöhnliche Museen – vielleicht lässt sich dafür noch ein Zwischenstopp einplanen.

Haus des Terrors ⑨

Neben dem Platz erinnert die Adresse Andrássy út 60 an ein dunkles Kapitel der ungarischen Geschichte. In dem grauen Gebäude residierte nach den Pfeilkreuzlern der gefürchtete Staatssicherheitsdienst ÁVO. Das Haus des Terrors (Terror Háza) dokumentiert mit Hilfe multimedialer Technik die Gräueltaten der faschistischen und kommunistischen Regimes und gedenkt ihrer Opfer (Di–So 10–8 Uhr, www.terrorhaza.hu).

Liszt Ferenc Museum 10

Stadtauswärts wird die Andrássy út von zwei Promenaden gesäumt, die einst Reitern und Fuhrwerken dienten. In Nr. 67 befindet sich im 1. Stock das Liszt Ferenc Museum in den Räumen, in denen der Komponist seine letzten Lebensjahre verbrachte. Zu sehen sind Instrumente, Bücher und Möbel (Mo–Fr 10–18, Sa 9–17 Uhr, www.lisztmuseum.hu).

Kodaly köröND 11

Einer der schönsten, von Palästen umgebenen Plätze ist der Kodaly köröND. Die Statuen stellen vier Nationalhelden dar, die sich im Kampf gegen die Türken verdient gemacht haben: Bottyán Vak, Miklós Zrínyi, György Szondy und Bálint Balassi.

Hopp Ferenc Museum 12

Im Gebäude Nr. 103 zeigt das Hopp Ferenc Museum 20 000 Exponate, die der Ostasienexperte Ferenc Hopp um 1900 von seinen Reisen mitgebracht hat; seine China-Sammlung ist in der Parallelstraße Gorkij fasor 12 zu besichtigen (Di–So 10–18 Uhr, www.imm.hu).

Ungarisches Postmuseum 13

Nicht weit entfernt in der Benczúr u. 27 hat das Postmuseum mit Exponaten aus den Anfangszeiten des Post- und Fernmeldewesens neue Ausstellungsräume bezogen (Di–So 10–18 Uhr, www.postamuzeum.hu).

Goldmuseum 14

Die Privatsammlung des ehemaligen Diplomaten István Zelnik (Délkelet-Ázsiai Arany Múzeum) stellt einzigartigen Schmuck und Kunstgegenstände aus Südostasien vor. Über 1000 Exponate dokumentieren 2000 Jahre Goldschmiedekunst. In dem exotischen Teehaus im Gebäude des Goldmuseums (Sövény Aladár Teaház) kann man inmitten von tropischen Pflanzen und bezaubernden fernöstlichen Dekorationen asiatische Tee- und Kaffeeraritäten kosten (Museum Di–So 11–17 Uhr, www.aranymuzeum.eu, Teehaus tgl. 9–19, Fr, Sa 9–21 Uhr, Tel. 482-3190).

KogArt Ház 15

Die Kunstvilla KogArt Ház zeigt die bedeutende Privatsammlung des Geschäftsmanns und Mäzens Gábor Kovács mit Werken ungarischer Künstler aus drei Jahrhunderten. Stets großen Zulauf haben die hochkarätigen Wechselausstellungen (Haus Nr. 112, tgl. 10–18 Uhr, www.kogart.hu).

Zwischenstopp: **Restaurant**

KogArt-Restaurant ●●●

Das Museumsrestaurant verbindet Gastronomie und Kunst. Im Sommer kann man im zauberhaften Garten sitzen.

■ Andrássy u. 112
■ Tel. 354-3830
■ Tgl. 10–22.30 Uhr

*Heldenplatz 16

Die Prachtstraße findet ihren krönenden Abschluss im Heldenplatz (Hősök tere), um den sich mit der Kunsthalle › S. 107, dem Museum für Bildende Künste › S. 106 und dem Millenniumsdenkmal › S. 106 gleich drei wichtige Sehenswürdig-

TOP-TOUREN › Pest der Gründerzeit › 11 12 13

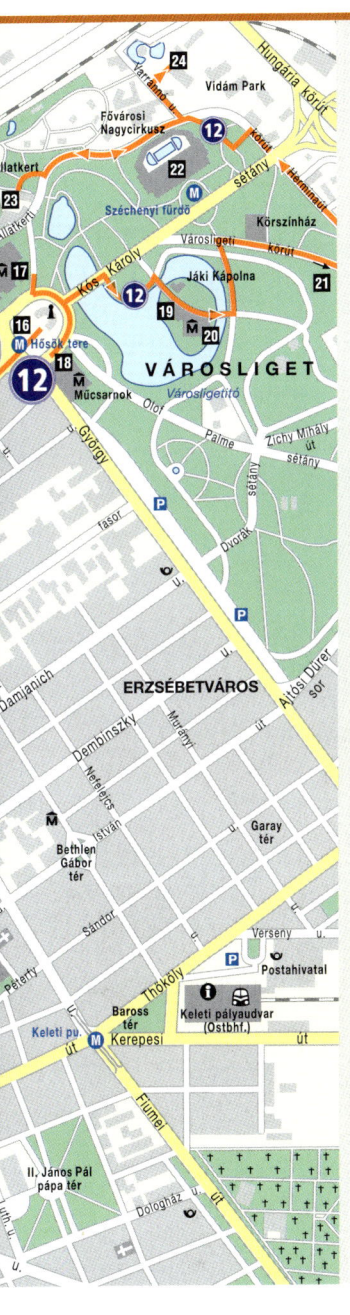

Touren im Pest der Gründerzeit

Tour 11

Auf Budapests Prachtstraße

1. Deak tér
2. Postmuseum
3. Staatsoper
4. Palais Drechsler
5. Ernst-Museum
6. Pariser Warenhaus
7. Musikakademie
8. Westbahnhof
9. Museum des Terrors
10. Liszt Ferenc Museum
11. Kodaly körönd
12. Hopp Ferenc Museum
13. Ungarisches Postmuseum
14. Goldmuseum
15. KogArt-Ház
16. Heldenplatz

Tour 12

Museen und Freizeitoasen

17. Museum der Bildenden Künste
18. Kunsthalle
19. Burg Vajdahunyad
20. Landwirtschaftsmuseum
21. Verkehrsmuseum
22. Széchenyi-Bad
23. Zoo
24. Vidám-Park

Tour 13

In der Elisabethstadt

25. Große Synagoge
26. Historisches jüdisches Viertel
27. Gozsdu Udvár
28. Neues Theater
29. Klauzál tér
30. Künstlerclub
31. Palais New York

TOP-TOUREN › Pest der Gründerzeit › ⑫ Museen und Freizeitoasen

keiten gruppieren. Der Heldenplatz wurde anlässlich der Millenniumsfeiern im Jahre 1896 gestaltet. Er bot mehr als 50 000 Ehrengästen aus aller Welt Platz. In der kommunistischen Ära diente er der Armee als Aufmarschfläche, z. B. zum Jahrestag der russischen Oktoberrevolution. Heute drängen sich Tag für Tag Tausende von Touristen auf dem riesigen Areal.

Millenniumsdenkmal

Das Denkmal erfreut sich großer Beliebtheit als Fotomotiv. Mit seinem Bau wurde zu den Feierlichkeiten 1896 begonnen; fertiggestellt wurde es aber erst nach 42 Jahren 1938. Gestaltet haben es der Architekt Albert Schickedanz, der Bildhauer György Zala u. a. Im Zentrum steht der Erzengel Gabriel auf einer 36 m hohen Steinsäule. Auf dem Sockel thronen Reiterstandbilder des Großfürsten Árpád und weiterer sechs Stammesfürsten, die an der Landnahme der Ungarn 896 beteiligt waren. Auf den halbrunden Gängen zu beiden Seiten der Säule sind je sieben Bronzebilder berühmter ungarischer Könige und bedeutender Persönlichkeiten der Landesgeschichte zu sehen.

Auf der rechten Seite stehen Nationalhelden: ganz außen beispielsweise der Revolutionsführer von 1848, Lajos Kossuth, und ganz innen János Hunyadi, der Held der Türkenkriege. Die Kranzniederlegung am **Grab des unbekannten Soldaten** vor dem Denkmal gehört zum Pflichtprogramm ausländischer Staatsgäste.

 **Museen und Freizeitoasen**

Tour-Übersicht:

Verlauf: Museum für Bildende Künste › Kunsthalle › Stadtwäldchen › Burg Vajdahunyad › Landwirtschaftsmuseum › Verkehrsmuseum › Széchenyi-Bad › Zoo

Dauer: 4–5 Std. reine Gehzeit
Praktische Hinweise:
- Ausgangs- und Endpunkt ist die Metrostation Ⓜ **Hősök tere** (Heldenplatz).
- Für die Museen, den Zoo und das Stadtwäldchen eignet sich eher ein Wochentag, dann sind sie weniger überfüllt. Am Samstagvormittag lockt ein Flohmarkt bei der Petőfi-Halle zur Schnäppchenjagd.
- Packen Sie vorsichtshalber Badesachen ein, denn sommers wie winters lädt das Széchenyi-Bad zum Schwimmen oder Entspannen ein bzw. von Juni bis August zu tollen Sparty-Nächten am Samstag.

Tour-Start: Museum für Bildende Künste 17

Das große Gebäude links vom Millenniumsdenkmal am Heldenplatz ist das Museum für Bildende Künste (Szépművészeti Múzeum), das u. a. von Albert Schickedanz im Stil des Neoklassizismus erbaut und 1906 eröffnet wurde. Die renommierte Gemäldegalerie befindet sich im Hauptgebäude, die übrigen Abteilungen sind in drei geräumigen Nebenbauten untergebracht.

Magyarische Stammesfürsten auf dem Sockel des Millenniumsdenkmals

Weltweite Beachtung findet besonders die **Galerie Alter Meister**. Gegründet wurde die Sammlung 1871, als der Staat die »Wiener Esterházy-Sammlung« aufkaufte. Ein Prunkstück ist die spanische Kollektion, die als umfangreichste außerhalb der Iberischen Halbinsel gilt. Allein sieben Werke El Grecos, vier Gemälde Goyas sowie einige von Murillo und Velázquez sind zu bewundern. Bedeutend sind aber auch die Sammlungen italienischer, niederländischer und flämischer sowie deutscher und österreichischer Meister.

Ansonsten ist vor allem die Sammlung ausländischer Plastiken vom 18. Jh. bis zur Gegenwart erwähnenswert und die Kollektion von Gemälden des 20. Jhs. mit Werken von Picasso, Chagall und Kokoschka sowie schon eher zeitgenössischer Vertreter wie Albers, Vasarely, Anthony Caro und Abakanowicz (Di–So 10–18 Uhr, www.szepmuveszeti.hu).

Kunsthalle

Auf der gegenüberliegenden Seite des Platzes steht die neoklassizistische Kunsthalle (Műcsarnok) mit ihren korinthischen Säulen und farbigen Keramiken. Mit den Bauarbeiten wurde im Anschluss an die Millenniumsfeierlichkeiten begonnen, ausführender Architekt war Albert Schickedanz. Gezeigt werden im Rahmen von Wechselausstellungen Werke zeitgenössischer ungarischer und internationaler Maler (Di–So 10–18, Do 10–21 Uhr, www.mucsarnok.hu).

Stadtwäldchen

Das Stadtwäldchen (Városliget) diente König Matthias einst als Jagdrevier. Damals lag es noch inmitten der Donauauen und war ein spärlich bewachsenes, schwer zugängliches Sumpfgebiet. Leopold I. vermachte es der Stadt als Weideland; 1799 legte man es trocken und pflanzte Bäume. Das installierte Kanalsystem funktionierte so gut,

TOP-TOUREN › Pest der Gründerzeit › ⑫ Museen und Freizeitoasen

› Karte S. 104

Steinernes Kompendium ungarischer Architektur: Burg Vajdahunyad

Burg Vajdahunyad ⑲

Wendet man sich kurz hinter der Brücke nach rechts, gelangt man auf eine Insel im künstlichen See mit einem der seltsamsten Gebäude der Stadt, der Burg Vajdahunyad. Sie macht den Eindruck eines historischen Bauwerks, ist aber stilistisch ein Fantasiegebilde.

Erbaut wurde sie als hölzerne Kulisse für ein Bühnenstück anlässlich der Millenniumsfeiern von Ignác Alpár. Er sollte die Geschichte der ungarischen Architektur in einem einzigen Bauwerk darstellen. Alpár löste die Aufgabe so bravourös, dass die Stadtväter beschlossen, sein Werk in Stein nachzubauen.

Das Ensemble besteht aus Teilen von 21 berühmten ungarischen Bauwerken, darunter der originalen Burg Vajdahunyad in Siebenbürgen, der Burg Segesvár, der Katharinen-Bastei von Brassó, der Kirche von Ják sowie einer Reihe weiterer Kirchen, Basteien und Paläste. Eröffnet wurde dieses architektonische Kuriosum im Jahre 1904.

Die Skulptur im Hof der Burg stellt Anonymus dar, den unbekannten Verfasser der Gesta Hungarorum, der ersten ungarischen Chronik von 1204. Finanziert wurde das Denkmal 1897 durch eine Spende des deutschen Kaisers Friedrich II.

dass beim großen Hochwasser von 1838 zahlreiche Menschen im Stadtwäldchen Zuflucht vor den Fluten fanden. Der Park entwickelte sich schnell zum beliebten Ausflugsziel.

Auf dem See im Stadtwäldchen kann man im Sommer rudern, im Winter ist er eine beliebte Eislauffläche und wird abends beleuchtet. Das Gebäude des Eislaufvereins rechts von der Brücke wurde von Ödön Lechner errichtet.

Zwischenstopp: Restaurant

Robinson ●

Im Sommer kann man in dem Café-Restaurant im Stadtwäldchen schön am Wasser sitzen.
- 1146 Városligeti tó
- Tel. 422-0222
- www.robinsonrestaurant.hu

Landwirtschaftsmuseum ⑳

Im geräumigen Barockflügel der Burg ist das größte landwirtschaftliche Fachmuseum Europas (Mezőgazdasági Múzeum) untergebracht, dessen Besuch besonders Kindern Spaß macht. Lehrreiche und zugleich unterhaltsame Ausstellungen aus allen Bereichen der Landwirtschaft, der Viehzucht, Fischerei, Jagd und des Weinbaus können besichtigt werden. Ferner werden alte ungarische Haustierarten vorgestellt. Mehr als ein Dutzend alter Dampfpflüge, Mähdrescher und Traktoren sind zu sehen. Stärken kann man sich anschließend im Museumsbuffet (Di-So 10-17 Uhr, www.mezogazdasagimuzeum.hu).

Verkehrsmuseum 21

Technikfans sollten einen Besuch im Verkehrsmuseum (Közlekedesi Muzeum) in der Nähe einschieben. Auf einer Fläche von 5000 m² sind rund 15 000 Autos, Flugzeuge, Fahrräder, Mopeds, Traktoren, Lokomotiven, Schiffe und sonstige Errungenschaften des Transportwesens und der Technik ausgestellt. Zu den Highlights zählt ein Speisewagen des Orient-Express. Berühmt ist die **Modelleisenbahnsammlung** (Városligeti krt. 11, April-Sept. Di-Fr 10-17, Sa, So 10-18, Okt.-März Di-Fr 10-16, Sa, So 10-17 Uhr, www.km.iif.hu).

Von hier ist es nicht weit zum Veranstaltungszentrum **Petőfi Csarnok**, wo am Wochenende ein bunter Flohmarkt abgehalten wird. In der Pecsa-Music Hall treten internationale Bands auf, angeschlossen ist ein Gartenlokal bzw. Café (Zichy Mihály u. 14, Sa, So 8-14 Uhr).

*Széchenyi-Bad 22

Auf der anderen Seite der durch das Wäldchen führenden Hauptstraße liegt eines der schönsten Stadtbäder. Auf über 12 000 m² Fläche tummeln sich hier Tag für Tag Tausende von Budapestern – pro Jahr sind das mehr als 2 Mio. Das Széchenyi-Bad verdankt seinen Namen Graf István Széchenyi, dem Erbauer der Kettenbrücke. Als klassisches Volksbad präsentiert es sich weniger elitär als andere Bäder der Hauptstadt: Hierher geht man, um auszuspannen und für einige Stunden dem Alltag zu entfliehen. Dampfbäder, Saunen, Massagen, Schlammpackungen, ein gutes Buffet bzw. Gartenrestaurant zur Stärkung und vieles mehr bietet dieser Thermalbadkomplex.

Das Bad verdankt sein Entstehen dem Zufall: Mitte des 19. Jhs. stieß man bei Wasserbohrungen in 970 m Tiefe auf heiße Quellen, die man eigentlich auf der anderen Donauseite vermutet hatte. Damals schon entstand ein großes Bad mit 20 Becken. 1909 wurde die Anlage vergrößert. Die Architekten Győző Czigler und Ede Dvorzsák entwarfen ein Jugendstilhallenbad und zwei Seitenflügel für die medizinischen Abteilungen. Von 1929 stammen die neobarocke Eingangshalle und die drei schön gefliesten Freibecken. Das mittlere hat ständig eine Temperatur von 38 °C, die beiden anderen von 27 °C.

In den heißen Samstagabendnächten von Juni bis Mitte September verwandelt sich das historische Thermalbad in eine Partylocation. Unter dem Titel »Cinetrip SParty im Szecska« (Spitzname der Budapester für ihr Volksbad) wird für dieses einzigartige Bade-Event geworben – ein feuchtfröhliches Mas-

TOP-TOUREN › Pest der Gründerzeit › ⑫ Museen und Freizeitoasen › Karte S. 104

senplanschen mit Lasershows, Akrobatik- und Tanzeinlagen, heißem Rythmenmix. Bars und Büfés sorgen fürs leibliche Wohl (tgl. 6–19, Schwimmbad bis 22 Uhr, www.heilbaderbudapest.com, Infos zu den Spartys unter www.sparty.hu, Kartenvorverkauf › S. 70).

Hauptstädtischer Zirkus

Hinter dem Bad liegt der Staatszirkus. Er wurde 1891 gegründet, als der Deutsch-Holländer Ede Wulff den ersten festen Zirkusbau mit 2300 Plätzen errichtete. Der Zirkus war von Anbeginn an weltberühmt, und die Qualität seiner Darbietungen ist bis heute herausragend geblieben (XIV., Állatkerti krt. 12a, Tel. 343-8300, www.maciva.hu, Hauptprogramm Jan.–Aug. und Okt.–Dez., Internationales Budapester Zirkusfestival Ende Januar, Vorstellungen wochentags 15 Uhr, am Wochenende 11 und 15 Uhr sowie samstagabends 19 Uhr).

Zoo ㉓

Der herrlich angelegte zoologisch-botanische Garten neben dem Zirkus wurde 1866 von dem Reisenden und Ethnographen János Xantus mitbegründet. Mit elf Gebäuden und viel Platz für 500 Tiere war der Zoo zur damaligen Zeit der modernste in Europa. Aus der Zeit von 1905 bis 1912 stammen die Jugendstilbauten wie das moscheeartige Elefantenhaus. Heute sind rund 5000 Tiere aus 500 verschiedenen Arten zu bewundern, darunter auch 152 Vogelarten. 2012 konnte ein 100-jähriges Projekt mit Hilfe von EU-Geldern endlich realisiert werden: der **Zauberberg.** Unter einem gewaltigen Kunstfelsen mit einer Gesamtoberfläche von 25 000 m² erwartet große und kleine Besucher

Größtes jüdisches Gebetshaus Europas: die Synagoge in der Dohány utca

Elisabethstadt ‹ Pest der Gründerzeit ‹ TOP-TOUREN

ein spannender interaktiver Ausstellungskomplex › **S. 20**. 2016 feiert der Zoo sein 150-jähriges Bestehen. Vorbereitungen dafür laufen bereits auf Hochtouren. Zudem wird er in den kommenden Jahren gewaltig expandieren. In mehreren Etappen übernimmt er das gesamte Gelände des benachbarten Vergnügungsparks (März–Okt. Mo–Do 9–17, Fr–So 9–17.30 Uhr, im Sommer bis 18.30 bzw. 19 Uhr, Nov.–Febr. tgl. 9–16 Uhr, www.zoobudapest.com).

*Vidám Park 24

Im September 2013 endete die Ära des Vidám Parks. In der bestehenden Form ließ er sich nicht weiter finanzieren. Ob einige der historischen Fahrgeschäfte wie die 1 km lange historische Fachwerk-Achterbahn von 1922, das 1906 errichtete, mit dem Europa-Nostra-Preis ausgezeichnete Karussell, das 31 m hohe, altertümliche Riesenrad und die nostalgische Grottenbahn einen Platz in der neuen Zoo-Konzeption erhalten werden, ist noch ungewiss.

Zwischenstopp: Restaurant

Zum Abschluss empfiehlt sich ein Blick in eines der attraktivsten Restaurants der Stadt, das **Gundel** › **S. 29** gleich neben dem Zoo. Es herrscht Krawattenzwang im Gourmettempel; im Sommergarten kann man aber in Freizeitkleidung und zu moderaten Preisen speisen. Legendär ist der flambierte Palatschinken mit Nuss-Rum-Rosinen-Füllung. Empfehlenswert: der Familienbrunch am Sonntag mit leckerem All-you-can-eat-Buffet und Beschäftigungsangeboten für die Kleinen (11.30–15 Uhr).

erstklassig

 In der Elisabethstadt

Tour-Übersicht:

Verlauf: Große Synagoge › Jüdisches Museum › Historisches jüdisches Viertel › Klauzál tér › Palais New York

Dauer: 4 Std. zu Fuß
Praktische Hinweise:
- Ausgangs- und Endpunkt liegen nur wenige Gehminuten von den Metrostationen Ⓜ **Astoria** bzw. Ⓜ **Blaha Lujza tér** entfernt.
- Sehenswürdigkeiten sowie traditionelle jüdische Geschäfte und manche koscheren Restaurants sind am Samstag, dem jüdischen Sabbat, geschlossen.

Tour-Start:
*Große Synagoge 25

Ausgangspunkt der Tour ist ein Gebäude mit zwei Zwiebelkuppeln in der Dohány utca 3: die Große Synagoge. Dieses jüdische Gebetshaus blickt auf eine wechselvolle, mit viel Leid verbundene Geschichte zurück. Erbaut wurde es zwischen 1854 und 1859 von dem Wiener Architekten Ludwig Förster, der auch die Wiener Synagoge errichtet hatte. Er wählte einen romantisierenden Stil mit maurischen Elementen. Förster standen die ungarischen Architekten Frigyes Feszl und József Hild zur Seite. Das Team schuf einen Sakralbau mit weiß-roter Ziegelfassade, der durch die farbigen Fayencen und ein filigranes Gesims aufgelockert wird. An den Ecken stehen erheben sich zwei Zwiebeltürme, zwischen denen ein Rosettenfenster sitzt. Der dreischiffige Innenraum bietet 3000 Besuchern Platz (März–Okt. So–Do 10–18, Fr 10–14, Nov.–Febr. So–Do 10–16, Fr 10–14 Uhr, Sa geschlossen sowie an National- wie jüdischen Feiertagen, Informationen unter www.dohanystreetsynagogue.hu).

Heldentempel

Angrenzend an die Große Synagoge wurde 1929 bis 1931 nach Plänen von László Vágó und Ferenc Faragó ein Seitengebäude im gleichen Stil angefügt, der Heldentempel für die im Ersten Weltkrieg gefallenen Juden. Zuvor stand an dieser Stelle das Geburtshaus von Theodor Herzl, dem weltbekannten Begründer des Zionismus.

SEITENBLICK

Juden in Budapest

In Budapest lebt eine der größten jüdischen Gemeinden Mitteleuropas; allein 22 Synagogen gibt es im Stadtgebiet. Die ersten jüdischen Kaufleute ließen sich bereits im 13. Jh. in Buda nieder. Eine gesellschaftliche Integration der Juden begann jedoch erst um 1800. Ab 1840 war es ihnen erlaubt, Grundbesitz zu erwerben. Nachdem im Zuge der bürgerlichen Entwicklung Europas im 19. Jh. auch den Juden in Ungarn die vollständige Gleichstellung gewährt wurde, übernahmen sie eine entscheidende Rolle in der aufblühenden Kultur und Wirtschaft des Landes. Nach dem österreichisch-ungarischen Ausgleich 1867 wanderten viele Juden aus Galizien ein. In dieser Zeit begann die dynamische Entwicklung der Pester Elisabethstadt.

Kurz nach Beginn der Judenverfolgung in Deutschland in den 1930er-Jahren wurden auch in Ungarn erste Judengesetze erlassen; sie resultierten u. a. in einer Begrenzung der Zahl jüdischer Studenten an den Universitäten. Nach dem Anschluss Österreichs an Nazi-Deutschland 1938 wuchs Hitlers Einfluss in Ungarn weiter. Mit dem Einmarsch der Deutschen am 19. März 1944 verschärfte sich die Judenverfolgung. Neun Zehntel der jüdischen Landbevölkerung – etwa 430 000 Menschen – wurden in Vernichtungslager gebracht. Tausende konnten mit Hilfe ausländischer Botschafter wie z. B. des schwedischen Diplomaten Raoul Wallenberg gerettet werden und erlebten den Einmarsch der Roten Armee im Januar 1945 als Befreiung.

Nach dem Zweiten Weltkrieg engagierten sich auch viele Juden in der kommunistischen Partei. Etliche gelangten als Unbelastete an Hochschulen, in den Medien etc. in Führungspositionen, selbst zum berüchtigten Staatsschutz ÁVH. In der Zeit der Volksrepublik gaben viele ihre jüdische Identität auf, denn das kommunistische Ungarn war ein atheistischer Staat. Die Große Synagoge verfiel, Traditionen wurden kaum noch gepflegt. Nach 1990 setzte in Budapest eine Renaissance jüdischer Kultur ein, der eine wachsende Zahl jüdischer Einrichtungen im ganzen Lande entspricht.

In einem von Arkaden gesäumten Garten nebenan sind Hunderte jüdische Opfer beerdigt, die 1944/45 im Getto ums Leben kamen. Die **Silberne Trauerweide** im zweiten Hof, eine Metallskulptur des Bildhauers Imre Varga › **S. 124**, ist ein anrührendes Symbol dieses unfassbaren Leids.

Jüdisches Museum

Während der Nazizeit fungierte das Gebäude als Wohnheim für Zwangsarbeiter. 1947 wieder eröffnet, verfügt das Museum über eine außerordentlich wertvolle Judaica-Sammlung. Die Ausstellungen zeigen liturgische Gegenstände, die das Brauchtum jüdischer Feste illustrieren, und dokumentieren die Geschichte des Holocausts in Ungarn (geöffnet wie Synagoge).

Historisches jüdisches Viertel 26

Der Wesselényi utca folgend gelangt man in das Viertel, das ab 1944 das jüdische Getto war. Hierher wurden Juden aus allen Teilen Ungarns deportiert. Auf engstem Raum fristeten vor allem Frauen und Kinder ein erbärmliches Dasein. Die Männer leisteten Arbeitsdienst, kämpften im Krieg an der Front oder waren in ein Konzentrationslager verschleppt worden › S. 112. Heute säumen die Straßen der Elisabethstadt Geschäfte, Restaurants und Handwerksbetriebe. Noch immer sind viele Häuser vom Verfall bedroht. In den letzten Jahren wird jedoch viel saniert. In der Rumbach Sebestyén utca liegt die von Otto Wagner erbaute Synagoge.

Die Silberne Trauerweide im Hof des Heldentempels

Geführte Spaziergänge durch das jüdische Viertel mit seinen besonderen Sehenswürdigkeiten bieten alle renommierten Programmveranstalter an.

Ende August bis Anfang September wird das **Jüdische Sommerfest** veranstaltet mit Auftritten weltberühmter Interpreten, Komponisten und Dirigenten sowie Budapester Klezmer-Bands.

Die Vielfalt jüdischer Küche präsentiert sich auf dem Kultur- und Gastrofestival **Judafest** im Juni in der Kazinczy utca.

Zwischenstopp: Restaurants

Carmel Glatt ●●

Koscheres Restaurant mit bodenständiger Küche: ungarische und jüdische Spezialitäten, viel Geflügel und Fisch.
- Kazinczy u. 31
- Tel. 322-1834
- www.carmel.hu
- So–Do 12–23, Fr 12 Uhr bis Sabbatbeginn, Sa 12–14 Uhr

TOP-TOUREN › Pest der Gründerzeit › ⓭ **Elisabethstadt**

› Karte S. 104

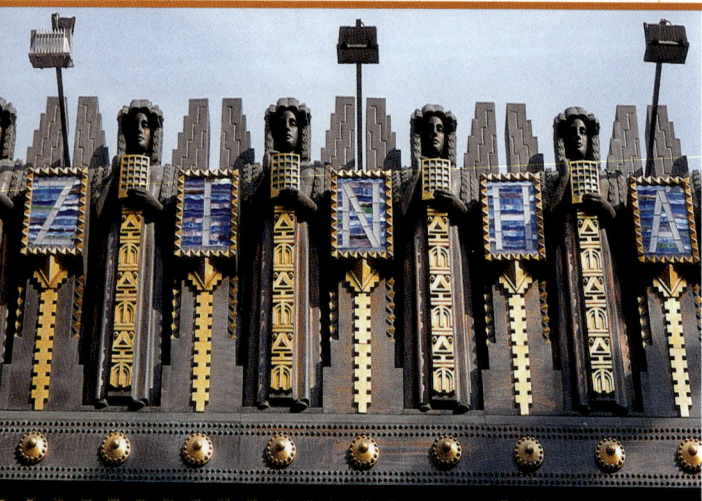

Art-déco-Zier am Dach des Neuen Theaters

Restaurant Spinoza ●●
Günstige Mittagsmenüs.
▪ Dob u. 15
▪ Tel. 413-7488
▪ Tgl. 11–23 Uhr

Shopping

Konditorei Fröhlich
Naschmäuler können sich in der koscheren Konditorei mit jüdischem Feingebäck versorgen.
▪ Dob u. 22

Gozsdu Udvár 27

Die Dob utca (Nr. 116) und die Király utca (Nr. 13) verbindet ein architektonisch einzigartiger Hofkomplex aus dem 19. Jh. Der Gozsdu Udvár – benannt nach dem Stiftungsgründer Emanuel Gozsdu – umfasst sieben repräsentative Häuser und sechs Innenhöfe mit rundum verlaufenden Laubengängen und typischen schmiedeeisernen Geländern. Auf dem **Gozsdu Basar** wird von April bis Oktober sonntags von 10 bis 19 Uhr Mode und Kunsthandwerk angeboten (www.gouba.hu).

Neues Theater 28

Der Weg folgt der Király utca stadtauswärts. Weiter geht es links in die Székely Mihály utca, dann rechts in die Paulay Ede utca bis zur Ecke Dalszínház utca. Hier steht ein wunderschönes Relikt aus großer Zeit, 1909 erbaut als »Bar Parisiana« im Art-déco-Stil mit großem Ballsaal und Balustrade mit Wintergarten. In den 1920er-Jahren hatten hier mehrere Tanzpaläste und Revuetheater ihr Publikum. 1989/90 wurde die jetzt als Neues Theater (Új Színház) bekannte Bühne originalgetreu restauriert. Besonders gelungen ist das herrliche Dach mit den Kupferfiguren und Ornamenten.

Rund um den Klauzál tér 29

Vom Theater ist es nicht weit zum schönsten Platz des Viertels, dem Klauzál tér. Im Schatten hoher Bäume sitzen die Männer beim Schach, und die Kinder genießen die kleine grüne Oase.

Shopping

Einen genaueren Blick wert ist die kleine Jugendstil-Markthalle an der Nordseite des Klauzál tér – eine von vielen, die um 1900 in Budapest eröffnet wurden. Die Einzelhändler behaupten sich hartnäckig gegen die Konkurrenz der Supermärkte.

Zwischenstopp: Restaurant

Kádár ●

Neben der Markthalle lädt die kleine jüdische Kantine zu deftigen Gerichten wie Schweinsfußpörkölt ein. Eine besondere Spezialität ist gekochtes Rindfleisch mit verschiedenen Soßen auf Basis von Äpfeln, Stachelbeeren, Kirschen oder Gemüse; freitags wird koscher gekocht.
- Klauzál tér 9
- Tel. 321-3622
- Di–So 11.30–15.30 Uhr

Künstlerklub 30

An der Ecke Dob utca/Kertész utca (Nr. 36) residiert seit 1901 der alteingesessene Künstlerklub *Fészek Művészklub*. Fészek bedeutet »Nest«, setzt sich aber zusammen aus den Anfangsbuchstaben der ungarischen Begriffe für die Kunstsparten Malerei, Architektur, Bildhauerei, Gesang und Theater. Um 1890 im Stil des Neobarock errichtet, war das Gebäude eines der prunkvollsten im Viertel. Rauschende Feste wurden hier gefeiert und international bedeutende Künstler bewirtet; an warmen Tagen tafelte man in einem Innenhof toskanischen Stils, im Winter im pompösen Ballsaal. Heute werden im Künstlerklub Lesungen, Ausstellungen und Konzerte veranstaltet; es gibt eine Café-Bar und ein Restaurant (www.feszek-muveszklub.hu).

Zwischenstopp: Restaurant

Fészek Étterem ●●

Im romantischen Hof des Restaurants im Haus des Künstlerklubs speist man im Sommer unter Bäumen; abends spielt oft eine Klezmer-Band. Günstige 3-Gang-Menüs mit üppigen Portionen.
- Kertész utca 36
- Tel. 322-6043
- Tgl. 12–24 Uhr

Palais New York 31

Der Spaziergang neigt sich mit einer Reminiszenz an die goldene Vergangenheit Budapests dem Ende zu. Nun ist es nicht mehr weit zum Großen Ring, wo das bei Literaten und Schöngeistern einst so beliebte Kaffeehaus »New York« seinen Sitz hat (Erzsébet krt. 9–11). Es nimmt das Parterre des Palais New York in Beschlag, das Alajos Hauszmann im Auftrag einer Versicherung 1891 bis 1895 erbaute und in dem über Jahrzehnte Verlage und Zeitungsredaktionen arbeiteten. Das von der italienischen Boscolo-Gruppe geführte gleichnamige Luxushotel ist heute ein beliebter Treffpunkt der Budapester High Society (Tel. 886-6111, tgl. 9–24 Uhr, › S. 22).

Donauinseln, Óbuda und Aquincum

Das Beste!

- **Mit dem Landauer** eine Fahrt durchs Blumenparadies Margareteninsel unternehmen › S. 118
- **Verblüffende Sinnestäuschungen** erleben – beim Betrachten der Op-Art-Werke im Vasarely-Museum › S. 122
- **Gebackenen Karpfen** oder Fischsuppe kosten in einem urigen Óbudaer Lokal › S. 122
- **Römischen Alltag** vor 2000 Jahren im Ruinengarten von Aquincum entdecken › S. 125
- **Dabei sein** beim Sziget-Festival › S. 127

Donauinseln, Óbuda, Aquincum ‹ TOP-TOUREN

Nach einem Spaziergang über die Margareteninsel mit ihren vielfältigen Freizeitmöglichkeiten geht es durch das alte Óbuda mit den Überresten der Römerstadt Aquincum.

Nördlich der Budapester Innenstadt liegen zwei Inseln in der Donau, deren Geschichte und Funktion nicht unterschiedlicher sein könnte. Die bezaubernde Margareteninsel war von jeher eine Stätte der Besinnung und Erholung. Hier befand sich auch das Kloster, in dem im 13. Jh. die heilige Margarete, eine ungarische Königstochter, lebte. Nach ihr wurde die Insel benannt. Schon zur Zeit der Romantik entdeckte man die 2,5 km lange Insel als attraktives Freizeitparadies.

Die nördlicher gelegene Óbudaer Insel führte bis vor wenigen Jahren ein touristisches Schattendasein. Dorthin strömten ausschließlich die Arbeiter der großen Schiffswerften sowie die Einwohner der Plattenbausiedlungen in die weitläufigen Grünanlagen. Ihren unerwarteten Bekanntheitsgrad verdankt die Insel seit einigen Jahren einem der weltgrößten Musik-Open-Air-Events, dem Sziget-Festival. Zudem entstand dort Budapests größtes Party- und Diskozentrum.

Der Stadtteil Óbuda war bis 1873 eine eigenständige Stadt und insbesondere im 18. Jh. auch ein beliebter Wohnort deutscher Einwanderer, die den Ort »Altofen« nannten. Bereits die Römer waren 89 n. Chr. hierher gekommen, um eine Garnison zu errichten. Die strategisch günstige und idyllische Lage an der Donau gefiel ihnen wohl, denn sie gründeten wenig später die Militär- und Bürgerstadt Aquincum.

Heute strahlt Óbuda auf den ersten Blick alles andere als Idylle aus. Doch es lohnt sich, zwischen den Plattenbauklötzen im sozialistischen Stil auf Entdeckungsreise zu gehen. Immer wieder trifft man auf Monumente der römischen Kultur. Um den zentralen Platz Fő tér herum blieb ein schönes Stück der barocken Altstadt erhalten. Ein kulturelles Muss ist die Ausstellung mit Werken des weltbekannten Op-Art-Künstlers Vasarely.

Beim Sziget-Festival treten Newcomer und Stars von Weltrang auf

Unterwegs mit dem Landauer auf der Margareteninsel

TOP-TOUREN › Donauinseln, Óbuda, Aquincum › ⑭ **Margareteninsel**

› Karte
S. 119

Touren in den Vierteln

Margareteninsel

Tour-Übersicht:

Verlauf: **Rosengarten › Freilichtbühne › Japanischer Garten › Palatinus-Strandbad**

Dauer: 3 Std. zu Fuß
Praktische Hinweise:
- Zum Ausgangs- und Endpunkt fährt Bus Nr. 26 von der Metrostation Ⓜ **Nyugati pályaudvár** in 5 Min., oder man geht zu Fuß von der Mitte der Margaretenbrücke hinab auf die Insel, die Straßenbahnlinien 4 und 6 halten dort.
- Privater Autoverkehr ist auf der Insel nicht zugelassen.

Dieser Spaziergang führt rund um die 2,5 km lange und bis zu 500 m breite Margareteninsel. Wer mag, kann zwischendurch in einem der Cafés einkehren oder im Palatinus-Strandbad einen Sprung in die Fluten wagen. Eine weitere Attraktion ist das Grand Hotel Margitsziget mit Thermalbad und Wellnesseinrichtungen. Gut und gerne lässt sich hier ein ganzer Sonntag verbringen.

Auf der Margareteninsel wartet ein spezieller Fahrrad-Landauer auf Unternehmungslustige, der sogenannte Bringóhintó. Dieses Pedalfahrzeug ist für zwei bis vier Personen geeignet; man kann auf den kurvenreichen Wegen in den Parks fahren und so bequem die Insel kennenlernen. **Erst-klassi**

Grüne Oase in der Stadt: die Margareteninsel

Geschichte

Schon die Römer bewohnten das Eiland; man fand Münzen und Grabsteine aus jener Zeit. Im 12. Jh. errichteten die Franziskaner eine kleine Kirche, ebenso wie die Dominikanerinnen 100 Jahre später. Im angeschlossenen Kloster lebte Margarete, eine Tochter von König Béla IV., nach der die Insel benannt wurde. Sie war die Nichte der heiligen Elisabeth von Thüringen. Bis zum Einfall der Türken im 16. Jh. war die Grabkapelle der später heilig gesprochenen Margarete ein Wallfahrtsort. Die goldene Zeit der Insel begann jedoch erst zur Zeit der Romantik im 18. und 19. Jh.

Die Margareteninsel wurde zu einem Mekka der Dichter und Denker, man baute eigens ein kleines Hotel, in dem viele Literaten und Künstler der damaligen Zeit wohnten. Auch Richard Wagner soll sich hier Inspirationen für seinen »Parsifal« geholt haben.

Tour-Start:
Springbrunnen 1

Der Spaziergang beginnt an der Südspitze, und zwar beim großen Springbrunnen mit der Fontäne. Alle 15 Min. finden hier im Sommer zu Musik von Beethoven, Bocelli oder Kodály Wasserspiele statt.

Rosengarten 2

Weiter geht es am östlichen Ufer entlang bis zum herrlich duftenden Rosengarten. Dieser war bereits um 1800 von einem Mönch angelegt worden, fiel aber später einer Überschwemmung zum Opfer. Heute

Tour über die Margareteninsel

Tour 14

Margareteninsel

1 Springbrunnen
2 Rosengarten
3 Freilichtbühne
4 Prämonstratenserkloster
5 Japanischer Garten
6 Árpád-Brücke
7 Palatinus-Strandbad

Sonnenanbeter im Palatinus-Strandbad

kann man dort mehr als 2500 verschiedene Rosensorten bewundern. Daneben ist ein kleiner **Wildpark** mit Reitmöglichkeit für Kinder eingerichtet. Etwas weiter östlich liegen die Ruinen eines 1251 gegründeten Dominikanerinnenklosters

Freilichtbühne 3

Viel los ist auf der Freilichtbühne, die 2500 Besuchern Platz bietet, beim Budapester Sommerfestival. An warmen Abenden ist es ein unvergessliches Erlebnis, hier unter klarem Sternenhimmel ein klassisches Konzert oder eine Oper zu hören. Der die Freilichtbühne überragende historische **Wasserturm** wurde saniert und besitzt nun eine Aussichtsplattform, im Inneren werden Fotoausstellungen gezeigt (www.szabadter.hu).

Prämonstratenserkloster 4

Vom Kloster aus dem 12. Jh. sind noch die Südwand original erhalten sowie ein Turm, in dem die älteste Glocke Ungarns aus dem 14. Jh. hängt. Sie hat sogar den Einmarsch der Türken im Jahre 1541 überstanden.

Auf dem Areal wurde 1931 die **St.-Michaels-Kirche** erbaut. Daneben verläuft die sogenannte Künstlerpromenade. Hier sind auf einem weiten Areal verstreut die Büsten bedeutender ungarischer Dichter, Maler, Architekten und Musiker zu sehen, darunter auch jene von Bártok, Liszt und Petőfi.

> **SEITENBLICK**
>
> **Sportmöglichkeiten**
> Beliebt ist die Insel bei Sportlern, besonders bei den Läufern wegen der ausgezeichneten Laufstrecke. Wen es im Winter in die Fluten treibt, der sollte das südlich gelegene Hajós-Alfréd-Sporthallenbad besuchen oder im **Grand Hotel Margitsziget** die modernen Wellness-Einrichtungen nutzen. Weitere Sporteinrichtungen: Tennisplatz, Kajak- und Judoklub und ein Athletikzentrum.

Japanischer Garten 5

Der Weg führt zur Nordspitze der Insel. Hinter den beiden Kurhotels erstreckt sich der Japanische Garten, eine kleine, verträumte Felsenanlage mit einem Seerosenteich, den heißes Quellwasser speist.

Árpád-Brücke 6

Von hier hat man einen schönen Blick auf die Árpád-Brücke, benannt nach dem Großfürsten, der die Magyaren vor mehr als 1100 Jahren in ihre heutige Heimat geführt hatte. Mit ihrem Bau wurde 1939 begonnen. Die mit 932 m längste Brücke Budapests wurde erst 1950 (als Stalin-Brücke) dem Verkehr übergeben.

Palatinus-Strandbad 7

Man kann auf dem Hauptweg zum Ausgangspunkt zurückgelangen, vorbei am Palatinus-Strandbad, dem größten Thermal-Freibad der Stadt. Es gibt weder einen Strand noch Sand – dafür locken elf Becken, darunter ein strudelndes Wellenbad, Wasserrutschen und Freizeitanlagen (Mai–1. Sept. tgl. 9–19 Uhr, www.heilbaderbudapest.com).

Nightlife

Holdudvár ●●

Das vielseitige Veranstaltungslokal am Südende der Insel bietet Open-Air-Kino (internationale Filme mit ungarischen Untertiteln) und Konzerte. Freitag- und Samstagabend Partys.
- Tel. 236-0155
- www.holdudvar.net
- Mo–Fr ab 15, Sa, So ab 11 Uhr bis Mitternacht bzw. in den frühen Morgen

Auf den Spuren der Römer

Tour-Übersicht:

Verlauf: Óbuda › Schloss Zichy › Aquincum › Villa Hercules › Sziget

Dauer: 5–6 Std. zu Fuß und mit öffentlichen Verkehrsmitteln

Praktische Hinweise:
- Start- und Endpunkt ist die Metrostation Ⓜ Batthyány tér, von dort mit Bus Nr. 86 zur Haltestelle Nagyszombat utca (Amphitheater), weiter mit dem Bus zum Fő tér (Altstadt, Museen), mit der HÉV ab Station Árpád híd zur Station Aquincum (Ruinengarten, Museum).
- Rückfahrt mit der HÉV bis Station Filatorigát (Sziget-Besuch bzw. Hercules-Villa), weiter mit der HÉV zum Batthyány tér

Tour-Start:
Amphitheater 8

Der Weg beginnt beim recht gut erhaltenen Amphitheater im südlichen Óbuda. Es stammt vermutlich aus dem 2. Jh. nach Chr. und diente den römischen Legionären zur Unterhaltung. Auf den Tribünen fanden bei Gladiatorenkämpfen bis zu 12 000 Personen Platz.

Schloss Zichy 9

Das Schloss an der Ostseite des Fő tér (Nr. 3) wurde zwischen 1746 und 1757 von der Großgrundbesitzerfamilie Zichy erbaut. Die hier residierende Linie des gräflichen Geschlechts war bekannt für ihren

TOP-TOUREN › Donauinseln, Óbuda, Aquincum › **15 Spuren der Römer**

› Karte S. 123

Bronzefiguren von Imre Varga auf dem Fő tér

ausschweifenden Lebensstil; in dem Rokokoschlösschen wurden wilde Feste gefeiert. Schauplatz waren die neobarocken Nebengebäude des Schlosses. Im Haupthaus befanden sich einst die Wohn- und Wirtschaftsräume.

Erstklassig Im Südflügel ist das sehenswerte *Vasarely-Museum untergebracht, benannt nach dem in Pécs geborenen Maler und Grafiker Győző Vásárhelyi, der es in Paris zu Weltruhm brachte. Er war der Begründer der Op-Art, die mit geometrischen Formen und optischer Täuschung spielt. 400 seiner Werke sind im Museum ausgestellt (Szentlélek tér 6, Di–So 10–17.30 Uhr, www.vasarely.hu).

Außerdem im Schloss untergebracht: das **Lajos-Kassák-Gedächtnismuseum** mit einer Dokumentation über den anarchistischen Schriftsteller und Maler sowie das **Heimatgeschichtliche Museum** zur Geschichte von Óbuda.

Für Liebhaber von Interesse ist fernerhin die **Volkskunstsammlung Zsigmond Kún**. Im einstigen Stadthaus des Sammlerehepaares werden Möbel, Keramik und Textilien aus allen Landesteilen gezeigt (Fő tér 4, Di–Fr 14–18, Sa, So 10–18 Uhr).

Zwischenstopp: Restaurant

Új Sipos Halászkert ●●
Das Restaurant in der Platzmitte ist bekannt für seine Donau-Fischspezialitäten. Bei gebackenen Karpfenfilets kann man den hübschen Innenhof genießen.

Tour durch Óbuda und auf die Óbudaer Insel

Tour 15

Auf den Spuren der Römer

- 8 Amphitheater
- 9 Schloss Zichy
- 10 Imre-Varga-Sammlung
- 11 Bad der Militärstadt
- 12 Aquincum
- 13 Villa Hercules
- 14 Óbudai Sziget

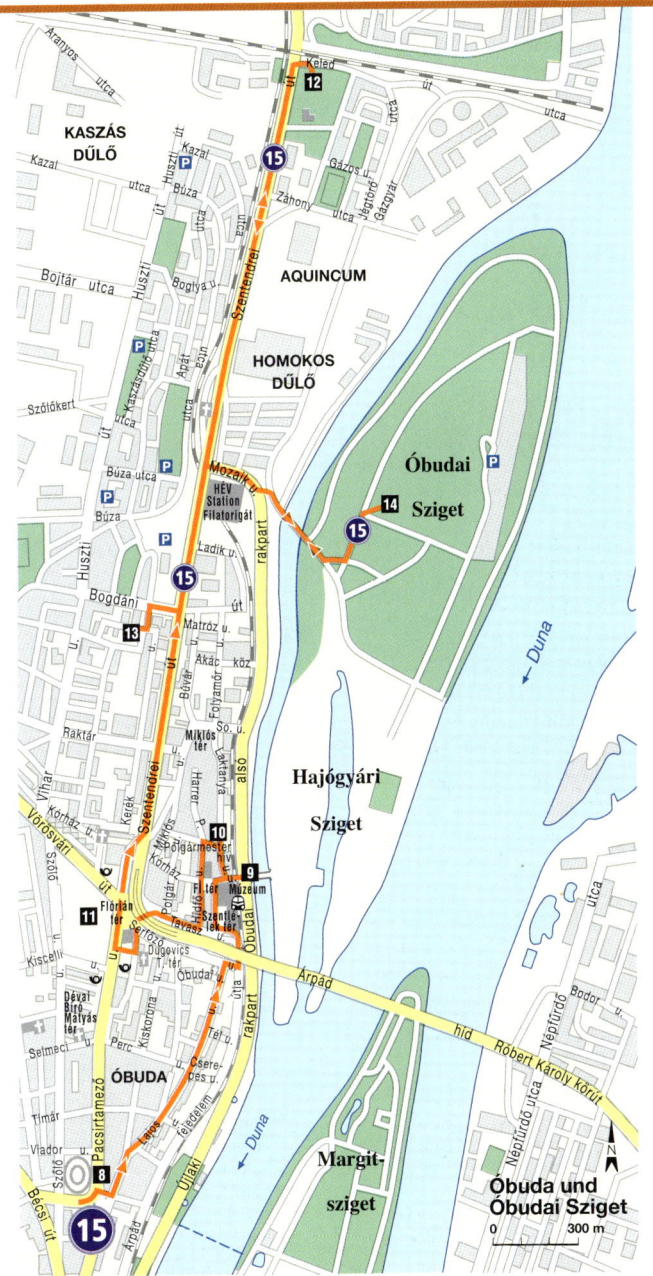

TOP-TOUREN › Donauinseln, Óbuda, Aquincum › **15 Spuren der Römer** › Karte S. 123

Aquincum in Óbuda war Hauptstadt der römischen Provinz Pannonien

- III. | Fő tér 6
- Tel. 388-8745
- Tgl. 12–23 Uhr

Imre-Varga-Sammlung 10

Die Sammlung des zeitgenössischen Bildhauers › S. 113 gibt einen guten Überblick über sein künstlerisches Schaffen. Auf dem Platz fällt seine bronzene Figurengruppe »Spaziergängerinnen mit Schirm« ins Auge

SEITENBLICK

Seide und Perlmutt

Noch heute sind in Budapests Gärten und an Straßen vielerorts Maulbeerbäume zu sehen, die in der Vergangenheit zur Seidenraupenzucht gebraucht wurden. Óbuda war ein wichtiges Zentrum der Seidenspinnerei in Ungarn. Die Seide aus Altofen war im 18. und 19. Jh. europaweit berühmt, ebenso wie die Perlmuttknöpfe, die aus den Schalen der Donaumuscheln hergestellt wurden.

(Laktanya utca 7, Di–Fr 10–16, Sa, So 10–18 Uhr).

Militärstadt

Wenige Minuten vom Fő tér entfernt liegen am Flórián tér die Überreste der einst gigantischen Militärstadt. Hier ließ Kaiser Domitian 89 n. Chr. eine Stadt für über 6000 Legionäre bauen, die die nordöstliche Grenze des Römischen Reiches zu verteidigen hatten. Die Häuser waren für damalige Verhältnisse sehr komfortabel eingerichtet.

Im Jahre 1778 fand der Archäologe István Schönwiesner sogar Fragmente einer Fußbodenheizung. Weiterhin legte er eine 1120 x 140 m große öffentliche **Badeanlage 11** frei, die vermutlich Ende des 1. Jhs. n. Chr. gebaut worden war. Die Soldaten der 2. Legion Adiutrix konnten sich der heilsamen Wirkung von kaltem, lauwarmem und heißem Mineralwasser erfreuen. Das Bad war von einer nach allen Seiten offenen Säulenhalle überdacht und reich verziert mit Wandmalereien, Skulpturen und Mosaiken.

Von dem Militärbad und der Siedlung sind heute nur noch Reste eines Wohnhauses sowie der südliche Abschnitt mit einem Tor erhalten. Die Grabungsfunde (Gemmen, Münzen, Schmuck, Keramik) werden in einem Museum auf dem Gelände gezeigt.

*Aquincum 12

Etwa 2 km nördlich der Militärstadt liegt an der Straße nach Szentendre die größte in Ungarn freigelegte Römersiedlung. Hier lebten Anfang des 2. Jhs. n. Chr. bis zu 60 000 Menschen, darunter viele Handwerker und Händler, die aus allen Teilen des Reiches herbeigereist kamen, um sich hier niederzulassen und die Versorgung der Truppen zu übernehmen. Im Jahr 124 n. Chr. verlieh Kaiser Hadrian den Bewohnern von Aquincum die Bürgerrechte und der Bäderstadt den Status eines Municipiums. 194 n. Chr. erhielt sie von Kaiser Septimius Severus sogar den Rang einer römischen Colonia. Aquincum fungierte bis 400 n. Chr. als Hauptstadt der römischen Provinz Pannonia Inferior.

Betritt man den gewaltigen **Ruinengarten** durch den Eingang Ⓐ, kann man sich kaum vorstellen, welch ein Leben hier vor 2000 Jahren herrschte. Auf dem original gepflasterten Weg Ⓑ rumpelten einst die Ochsenkarren der Bauern und Lieferanten. Vorbei ging es an der Basilika Ⓒ und einem Badehaus Ⓓ, bevor sich die Geschäftsleute in der Markthalle Ⓔ und der Ladengalerie Ⓕ mit frischen Waren aus dem Umland versorgten. Die Markthalle lag auf dem Schnittpunkt der Hauptstraßen, die vier Stadttore miteinander verbanden. Hier befanden sich auch die Werkstätten vieler Handwerker, Bäckereien, Metzgereien und Fischläden.

Auffallend sind die großen Wohnhäuser Ⓖ, Ⓗ von denen bis

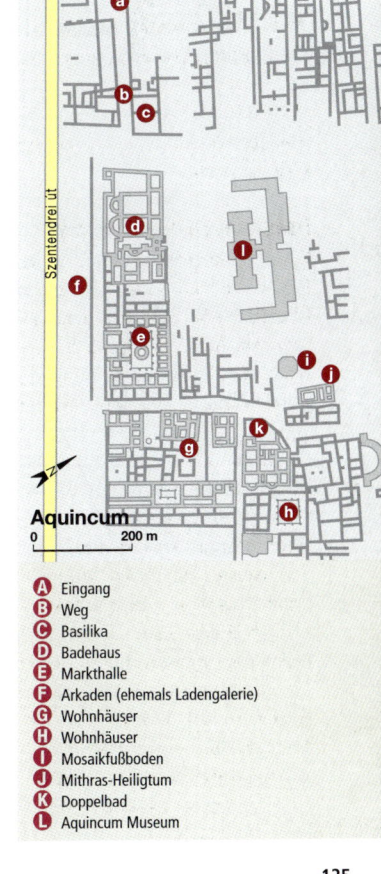

Ⓐ Eingang
Ⓑ Weg
Ⓒ Basilika
Ⓓ Badehaus
Ⓔ Markthalle
Ⓕ Arkaden (ehemals Ladengalerie)
Ⓖ Wohnhäuser
Ⓗ Wohnhäuser
Ⓘ Mosaikfußboden
Ⓙ Mithras-Heiligtum
Ⓚ Doppelbad
Ⓛ Aquincum Museum

Römisches Mosaik aus dem 1. Jh. nach Chr. im Museum von Aquincum

heute Reste erhalten sind. Teile eines Mosaikfußbodens ❶, mit denen damals viele Häuser opulent ausgestattet waren, sind vor dem teilweise erhaltenen Mithras-Heiligtum ❿ zu sehen. Nicht weit davon entfernt liegt das ehemalige Doppelbad ⓚ.

Aquincum Museum ❶

Seit etwa 1870 wird das Gelände systematisch archäologisch erschlossen. Zu sehen sind im Museum Keramik, Gemmen und Münzen, aber auch Schmuck und Werkzeuge. Eine Rarität ist die Wasserorgel mit Pfeifen und Tastatur, die vermutlich aus dem 3. Jh. n. Chr. stammt. Am besten besucht man zuerst das Museum, um einen Eindruck vom Leben in der damaligen Zeit zu gewinnen (Archäologischer Park Mitte April–Okt. Di–So 9–18 Uhr, Aquincum Museum April–Okt. 10–18, Nov.–März 10–16 Uhr, www.aquincum.hu).

Villa Hercules ⓭

Man kann nun mit der HÉV zwei Stationen zurück oder mit dem Bus bis zur Bogdáni út fahren, um die Villa Hercules zu besichtigen. Dies ist aber nur archäologisch Interessierten zu empfehlen, denn für Laien gibt es hier nicht viel zu sehen. Glanzstück ist ein Fußbodenmosaik, von dem allerdings lediglich Fragmente erhalten sind (Meggyfa utca 19–21, Besichtigung nur in Gruppen nach Anmeldung unter Tel. 430-1081).

Mehr über die römische Geschichte innerhalb des Karpatenbeckens erfährt man im Nationalmuseum › S. 86. In dem neuen **Lapidarium** ist die bedeutendste antike Steinsammlung in ganz Ungarn zu besichtigen – besonders eindrucksvoll sind die Marmorsarkophage und Inschriften. Die archäologischen Funde gelten als wichtige Quellen der europäischen Geschichte.

Óbudai Sziget 🔢

Von der HÉV-Station Filatorigát aus erreicht man zu Fuß in wenigen Minuten die nördliche Brücke zur Óbudaer oder Schiffswerft-Insel (Hajógyári Sziget), wie viele Budapester sie nennen. In den Park- und Sportanlagen geht es das Jahr über meist geruhsam zu. Für zwei Wochen im August beim **Sziget Festival** verwandelt sich die Insel jedoch in eine große Konzertbühne, auf der neben Newcomern Stars von Weltrang auftreten (Programminformation und Ticketbestellung unter www.sziget.hu).

Das erste Sziget Festival fand 1993 unter dem Namen Studenteninsel statt und war ein Ereignis von ausschließlich nationaler Bedeutung. Seither ist die Besucherzahl auf 400 000 gestiegen und Sziget avancierte zum größten Musikfestival Europas.

Auf fast 60 Bühnen treten mehr als 1000 Künstler auf und liefern ein vielfältiges Angebot an Pop- und Rock-Live Acts. Die Namen der Musiker lesen sich wie wie eine Aufstellung der international erfolgreichsten Chartbreaker. Trotz der gigantischen Dimensionen und einem riesigen Zeltlager ist die Atmosphäre beim Sziget immer sehr friedlich, auch dank guter Sicherheitsvorkehrungen.

Am südlichen Ende der Insel – über die Brücke ganz in der Nähe der HÉV-Station Árpád híd problemlos erreichbar – hat sich als beliebte Budapester Ausgehadresse die **Party-Insel** etabliert. In den Sommermonaten herrscht hier auf Disko-Schiffen und in umfunktionierten Fabrikanlagen vom späten Nachmittag bis in die frühen Morgenstunden hinein ausgelassene Partystimmung.

Einwöchiges Open-Air-Spektakel: das Sziget-Festival

Ausflüge

Das Beste!

- **Sissi-Schloss Gödöllő** › S. 129
- **Memento-Park** › S.130
- **Budaer Berge** › S. 131
- **Friedhöfe** › S. 133

Sissi-Schloss Gödöllő ∎

Budapest › Schloss Gödöllő

Dauer: 4 Std.
Praktische Hinweise:
- Mit dem Auto über die Autobahn M3 Richtung Nordosten, ca. 30 Min.
- Mit der Ⓜ 2 zur Endstation Örs vezér tér, von dort mit der HÉV nach Gödöllő, ca. 45 Min.
- Öffnungszeiten: tgl. 10–18, im Winter nur bis 16/17 Uhr, Mitte Jan. bis Febr. geschl.

Wichtigste Sehenswürdigkeit der kleinen Stadt Gödöllő ist das **Königliche Schloss**. Das größte Barockschloss Ungarns mit 28 ha großem **Schlosspark** wurde im 18. Jh. für Graf Antal Grassalkovich I. (1694–1771), einen Vertrauten Maria Theresias, errichtet und trug ursprünglich dessen Namen. Berühmtheit erlangte es dadurch, dass es ab 1867 zur bevorzugten Residenz der österreichischen Kaiserin und ungarischen Königin Elisabeth (»Sissi«) wurde. Hierher flüchtete sie vor der strengen Etikette des Wiener Hofs. Schon kurz nach ihrem gewaltsamen Tod im Jahr 1898 wurde ein **Gedenkpark** für sie angelegt.

Verfall und Verwahrlosung waren Schicksal des Schlosses nach dem Zweiten Weltkrieg. Unter großen Anstrengungen wird es seit Mitte der 1990er-Jahre möglichst authentisch renoviert. Die schönsten Flügel des Gebäudes sind heute wieder zugänglich und vermitteln einen lebendigen Eindruck von der Atmosphäre im Ungarn der Doppelmonarchie und vom Lebensalltag der königlichen Familie. Im Rahmen des Museumsbesuches können die **Königin-Elisabeth-Gedenkausstellung,** das detailgetreu rekonstruierte **Barocktheater** und der **Pavillon auf dem Königshügel** mit Porträts der ungarischen und österreichischen Herrscher besichtigt werden.

Beliebt sind die klassischen **Schlosskonzerte** in aristokratischem Ambiente an Wochenenden, der **Elisabethball** im November. Falkenjagd und Bogenschießen in historischen Gewändern werden von Mai bis Ende Oktober sonntags um 11 und 16 Uhr vorgeführt.

Info

- Gödöllői Királyi Kastély
- 2100 Gödöllő
- Tel. 28-410-124
- www.kiralyikastely.hu

Schloss Gödöllő

Sissi-Porträt in Schloss Gödöllő

TOP-TOUREN › Ausflüge › Memento Park

› Karte S. 132

Memento Park 2

Budapest › Memento Park

Dauer: 4–5 Std.
Praktische Hinweise:
- Die Anreise mit öffentlichen Verkehrsmitteln ist recht umständlich. Es empfehlen sich die Extrabusse, die von der Metrostation Ⓜ Déak tér tgl. 11 Uhr, Juli/Aug. auch 15 Uhr abfahren. Rücktransfer um 13.30 bzw. 17.30 Uhr, Kartenverkauf vor Ort.
- Mit dem Auto fährt man auf Landstraße 7 in Richtung Érd, ca. 30 Min. Der Park ist ausgeschildert (Memento Szoborpark).
- Die Budapest-Card gewährt 40 % Ermäßigung auf den Park-Eintritt › S. 138. Öffnungszeiten Memento Park: tgl. ab 10 Uhr bis zum Einbruch der Dämmerung.

Eine Zeitreise in die **Ära des Eisernen Vorhangs** unternimmt man mit dem Besuch des Memento- oder Statuen-Parks. Auf einem riesigen Freigelände am südwestlichen Rand der Hauptstadt haben die 1989/90 ausrangierten Monumente des sozialistischen Realismus eine neue Heimat gefunden. Die Parkanlage wurde nach dem Entwurf des ungarischen Architekten Ákos Eleöd gestaltet. Während in den übrigen ehemals kommunistischen Staaten des Ostblocks diese Skulpturen meist vernichtet oder eingeschmolzen wurden, erfüllen sie in diesem zeitgeschichtlichen Themenpark weiterhin eine wichtige Funktion, indem sie zum Nachdenken über die Ära der kommunistischen Diktatur anregen.

Gigantische Kunstwerke, die über 40 Jahre die öffentlichen Plätze Budapests dominierten – beispielsweise allegorische Darstellungen der ungarisch-sowjetischen Freundschaft oder der Befreiung – sind genauso zu finden wie die Denkmäler der einst allgegenwärtigen geistigen Führer Lenin, Marx, Engels, Dimitrow, Béla Kún und anderer kommunistischer Helden. Nähere Erläuterungen liefert eine am Eingang erhältliche Infobroschüre.

Ein Rundgang durch den Park führt früher oder später zur authentisch rekonstruierten Ehrentribüne, die einst an der Aufmarsch-Allee Dózsa György út am Rand des Stadtwäldchens stand, mit den **»Stiefeln Stalins«** als Dokument des Freiheitswillens der osteuropäischen Völker. Die überlebensgroße, 8 m hohe Statue des russischen Diktators wurde während des Volksaufstands 1956 gestürzt, nur die Stiefel blieben stehen.

Ausstellungen über die **Revolution von 1956**, den **Systemwechsel 1989** sowie das Konzept des Memento Parks liefern Hintergrundinformationen. Der **Red Star Store** bedient Nostalgiker mit Souvenirs, Kunst und Kitsch aus der Zeit des kommunistischen Regimes.

Info

- **Memento Park**
- XXII. | Balatoni út/Szabadkai utca
- Buda
- Tel. 424-7500
- www.mementopark.hu

Budaer Berge

> **Széchenyi-Berg › Kindereisenbahn › Johannesberg › Zugliget › Paulinerkloster Budaszentlörenc**
>
> **Dauer:** 8 Std.
> **Praktische Hinweise:**
> - Mit dem Bus 156 ab Ⓜ **Széll Kálmán tér** bis Városmajor, weiter mit Zahnradbahn
> - Öffnungszeiten: Kindereisenbahn im Sommer tgl. 9–19 Uhr, Sept. bis April tgl. 9–17 Uhr, Mo geschl.; Sessellift tgl. 10–16 Uhr

Wenn es im Hochsommer im Stadtzentrum heiß und stickig ist, dann zieht es die Budapester an die frische Luft – ein beliebtes Ausflugsziel sind dann die Budaer Berge am westlichen Stadtrand. Hier stehen ein dichtes Netz von Wanderwegen, Spiel- und Sporteinrichtungen zur Verfügung – die ganze Familie kann aktiv werden.

Széchenyi-Berg 3

Von der Talstation beim Városmajor schlängelt sich die Zahnradbahn (Fogaskerekű) auf ihrer knapp 4 km langen Reise vorbei an Gärten, Wäldern und Villen hinauf zum Széchenyi-Berg. Ein einfacher Fahrschein der Verkehrsbetriebe genügt; für Besitzer der Budapest Card › S. 138 ist die Fahrt kostenlos.

Diese bemerkenswerte Lösung zur Überwindung von 450 Höhenmetern planten Schweizer Ingenieure 1874. Damals schleppte noch eine Dampflokomotive die offenen Waggons von Frühjahr bis Herbst auf den Berg und wieder hinunter ins Tal. 1910 elektrifiziert, wurde die Strecke im Jahre 1973 grundlegend erneuert, die Triebwagen modernisiert – seit 1993 können auch Fahrräder mitgenommen werden.

Die Züge verkehren Mo–Fr alle 20 Min., Sa, So alle 15 Min. Bei der Bergfahrt sollte man einen Sitzplatz mit dem Rücken zur Fahrtrichtung einnehmen: So hat man einen besseren Blick auf die Metropole.

Kindereisenbahn

Bereits nach etwa 200 m erreicht man die Bergstation der Kindereisenbahn (Gyermekvasút), die nach dem Zweiten Weltkrieg als Pioniereisenbahn errichtet wurde. Den Dienst versehen – unter der Aufsicht von Erwachsenen – Kinder im Alter zwischen 10 und 14 Jahren. Die Strecke der eingleisigen Schmalspurbahn ist 11 km lang, der Höhenunterschied zwischen den Endstationen Széchenyi-hegy und Hűvösvölgy beträgt 235 m. Die Bahn verkehrt nach eigenem Fahrplan (www.gyermekvasut.hu), in der Regel alle 45–60 Min. Dieses Familienvergnügen ist erfreulich preiswert. Am Wochenende finden im Frühjahr, Herbst und an Feiertagen zusätzlich Fahrten mit Nostalgiezügen statt.

Aussicht vom Johannesberg

Der höchste Punkt an der Bahnstrecke, der Normafa (477 m), gilt als schönstes Ausflugsziel in den Budaer Bergen. Bei Csillebérc befindet sich ein Abenteuerpark, und

TOP-TOUREN › Ausflüge › **Budaer Berge**

› Karte
S. 132

bei Virágvölgy lohnt ein Abstecher nach Makkosmária (»Maria Eich«), um dort im Zentrum die barocke Marienwallfahrtskirche aus dem 18. Jh. zu besuchen.

Wenn man bei der Station Jánoshegy (Johannesberg) aussteigt und auf den Berggipfel läuft, kann man vom dortigen **Elisabeth-Aussichtsturm** (mit kleinem Café und Restaurant) das Panorama ganz Budapests und seiner näheren Umgebung bewundern.

Vom Gipfel wieder ein Stück bergab gehend trifft man nach einer Weile auf eine Bergwiese, wo man für die Talfahrt auf ein anderes Verkehrsmittel überwechselt, den **Sessellift** (Libegő). Er überwindet auf der 1040 m langen Strecke etwa 260 Höhenmeter. Die Doppelsitze schweben zwischen János-hegy und Zugliget, vorbei geht es an Bäumen und Felsen, 8 m über dem Boden (www.libego.hu). Von der Talstation gelangt man mit Bus 156 zurück in die Stadt.

Zwischenstopp: **Restaurant**

Szép Ilona Vendéglő ●

Das Restaurant mit Gartenlokal ist weithin bekannt für Entenkeule mit Apfelsinen und Kartoffelpuffer. Herzhafte ungarische Küche in großen Portionen. Von der Endstation des Sessellifts gelangt man mit Buslinie 156 in 5 Min. zur Kreuzung Budakeszi út.

■ II. | Budakeszi u. 3 | Buda
■ Tel. 275-1392
■ Tgl. 12–23 Uhr

Wer nun auf den Geschmack gekommen ist, kann mit der Eisenbahn noch weiterfahren. Bei Szépjuhászné sind die Ruinen des **Paulinerklosters von Budaszentlőrinc** zu besichtigen, im 14. Jh. Zentrum des Ordens und Aufbewahrungsort der Reliquien des hl. Paulus von Theben. An der Endstation Hűvösvölgy kann man sich in einer Ausstellung mit der Geschichte der beliebten alten Eisenbahn beschäftigen. Mit einem Bus der Linie 256 geht es danach zurück zum Széll Kálmán tér.

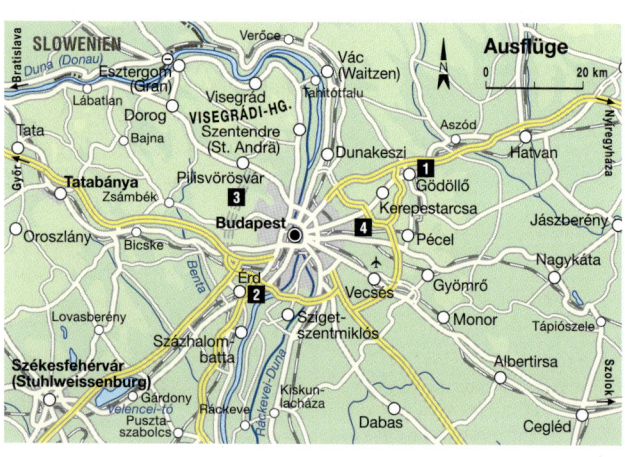

Friedhöfe ‹ Ausflüge ‹ TOP-TOUREN

Beliebtes Ausflugsziel: der Elisabeth-Turm auf dem János-hegy, dem höchsten Berg der Stadt

Info

- **Gyermekvasút**
- II. | Hűvösvölgy | Buda
- Tel. 397-5394
- www.gyermekvasut.hu

Friedhöfe 4

Städtischer Friedhof (Parzelle 301) › Jüdischer Friedhof (Schmidl-Mausoleum)

Dauer: 4–5 Std.
Praktische Hinweise:
- Mit Straßenbahn 28 oder 37 ab Ⓜ **Blaha Lujza tér,** Ecke Népszinház utca in ca. 35–40 Min.
- Die Linie 28 endet am Städtischen Friedhof (Uj köztemető), bis zum Jüdischen Friedhof (Izraelita temető) fährt die 37.

Dieser Spaziergang verspricht Ruhe und Besinnlichkeit, erinnert er doch an manch tragische Epoche der ungarischen Geschichte. Am besten spaziert man einfach auf dem riesigen Areal umher und lässt die Gedanken schweifen. Im Sommer ist es dort angenehm kühl, aber auch im Winter ist der Spaziergang sehr reizvoll. Dann liegt Schnee auf den Grabsteinen, es ist klirrend kalt, still und schön.

TOP-TOUREN › Ausflüge › **Friedhöfe** › Karte S. 132

Städtischer Friedhof

Im X. Bezirk, östlich des Zentrums, weit außerhalb der Stadt wurde 1886 der neue Friedhof (Rákoskeresztúr) angelegt und seitdem mehrmals erweitert. Das riesige Friedhofsgelände ist übersichtlich in nummerierte Parzellen gegliedert. Der erste Soldatenfriedhof wurde 1903 auf zwei Parzellen eingerichtet. Nach dem Zweiten Weltkrieg waren hier über 20 000 Soldaten beerdigt, 1955 ließen die Behörden die Gräber einebnen, da das Geld für den Unterhalt fehlte.

Im Büro der Friedhofsverwaltung links vom Eingang ist für wenige Forint ein **Friedhofsplan** erhältlich (auf Ungarisch). Man darf sogar mit dem Auto durch den Friedhof fahren, also auch die ca. 2,5 km lange Strecke vom Haupteingang zur Parzelle 301.

Heldengräber

Vom Haupteingang kommend gelangt man auf einen schnurgeraden Weg, der das Gelände in der Längsrichtung durchschneidet. Am besten folgt man ihm und macht ab und zu einen Abstecher zur Seite.

Die sogenannten Heldengräber sieht man gleich am Anfang linker Hand in den Parzellen 5–7, 16–18 und 28–31. Unter ihnen befinden sich martialisch anmutende Monumente zum Gedenken an Jagdflieger und andere Kämpfer des Zweiten Weltkriegs.

In der Parzelle 75 sind einige Parteigrößen aus der sozialistischen Ära bestattet. Noch immer werden hier regelmäßig Blumengebinde niedergelegt – meist allerdings heimlich, um kritischen Blicken zu entgehen.

Parzelle 301: Opfer des Aufstands von 1956

Geht man den Hauptweg weiter bis zum Ende und wendet sich dann nach links, erreicht man nach etwa 400 m die tragisch-berühmte Parzelle 301 *(301-es parcella)*, Symbol der nationalen Katastrophe, die dem ungarischen Volksaufstand folgte. Man betritt das Areal durch ein geschnitztes Holztor, ein sogenanntes Székler-Tor. Hier sind etwa 1000 geschnitzte Holzpfähle *(kopjafa)* zu sehen; jeder steht stellvertretend für einen Verstorbenen. Auf dem etwa 200 × 100 m großen Gelände liegen Tote des Aufstandes von 1956 begraben, Gefallene und Exekutierte. Die genaue Zahl der Hingerichteten kennt man nicht – die schriftlichen Unterlagen wurden fast alle vernichtet.

Um jedes einzelne Grab auf dieser Parzelle rankt sich eine Geschichte, eine Tragödie. Etwa um Péter Mansfeld im fünften Grab in der 19. Reihe. Er war bei seiner Festnahme am Széna tér › S. 71 gerade erst 15 Jahre alt. Mit seiner Hinrichtung wartete man, bis er das gesetzlich vorgeschriebene Mindestalter von 18 Jahren erreicht hatte.

Im hinteren Teil liegt das reich geschmückte, symbolische Grab von Imre Nagy, dem Revolutionsführer und Ministerpräsidenten während des Aufstandes. Er wurde am 16. Juni 1958 in einer Nacht- und Nebelaktion hingerichtet und irgendwo auf dieser Parzelle verscharrt. 31 Jahre später, am 16. Juni 1989, setzte man ihn in einer Feierstunde offiziell bei – allerdings nur symbolisch. Seine sterblichen Überreste wurden nie gefunden.

Jüdischer Friedhof

Wie viele Menschen auf diesem verwunschenen, weitläufigen Gelände beerdigt sind, weiß niemand. Männliche Besucher sollten aus Achtung vor dem jüdischen Glauben eine Kopfbedeckung tragen. Am Eingang kann man sich diese bei Bedarf ausleihen.

Viele Gräber zeugen auf eindrucksvolle Weise vom Reichtum und der Bedeutung der jüdischen Vorkriegsgemeinde. Das weithin bekannte Schmidl-Mausoleum, ein Juwel des Jugendstils, befindet sich rechts von der Eingangshalle. Es wurde von Béla Lajta gestaltet, einem Schüler Ödön Lechners. Ganz in Türkisblau gehalten, ist es reich mit floralen Ornamenten verziert, die der ungarischen Volkskunst entlehnt wurden. Das Mosaik in der Mitte stellt den Lebensbaum dar. Der Vielfalt der Schmuckmotive entspricht die Bandbreite der verwendeten Materialien: Majolikafliesen und Keramikelemente, Buntglas und Schmiedeeisen.

Um zwei weitere, allerdings schlichtere Werke Lajtas (insgesamt gibt es auf dem Friedhof ungefähr 20) handelt es sich beim Mausoleum der Familie Gries und beim Grabstein für Sándor Epstein, beide in unmittelbarer Nachbarschaft des Schmidl-Mausoleums gelegen.

Das Schmidl-Mausoleum auf dem Jüdischen Friedhof

Sehenswert sind auch das Grab der Familie Wellisch und die Ruhestätte von Konrád Polnay.

Der 1893 eröffnete Jüdische Friedhof ist nicht nur ein Ort der Ruhe, sondern auch Mahnmal. An vielen Stellen wird – besonders nahe dem Haupteingang – an die Gräueltaten der Nazis erinnert. Dem jüdischen Glauben entsprechend werden Gräber und Mausoleen nicht gepflegt. Viele verfallen allmählich, auch das Schmidl-Mausoleum. Dadurch entsteht eine ganz eigentümliche Atmosphäre, die den besonderen Charakter dieses Friedhofs ausmacht.

Infos von A–Z

Ärztliche Versorgung
Die ungarischen Ärzte haben einen guten Ruf; Praxis- und Krankenhauseinrichtungen sind jedoch oft noch alt und einfach. Die deutschen gesetzlichen Krankenversicherungen haben mit Ungarn ein EU-Abkommen. Ungarische Kassenärzte und Krankenhäuser behandeln bei Vorlage der europäischen Krankenversicherungskarte im Krankheitsfall kostenlos. Privatpraxen bestehen auf Barzahlung. Empfehlenswert ist der Abschluss einer Auslandskrankenversicherung – er garantiert freie Arztwahl und Rücktransport im Notfall.

- **Ärztlicher Notdienst**
  SOS Hungary | Tel. 240-0475
- **Zahnärztlicher Bereitschaftsdienst**
  SOS Dent | Tel. 269-6010
- **Apotheken – 24-Std.-Dienst**
  Déli Gyógyszertár | Buda | XII.
  Alkotás u. 1/B | Tel. 355-4691;
  Teréz Gyógyszertár | Pest | VI.
  Teréz körút 41 | Tel. 311-4439

Auto-Pannendienst
- **Auto-Pannendienst:** Tel. 188
- **ADAC- und ÖAMTC-Notrufstation**
  in Budapest: Tel. 345-1717 (rund um die Uhr besetzt)

Diplomatische Vertretungen
- **Deutsche Botschaft**
  I. | Úri u. 64–66 | Burgviertel
  Tel. 488-3500
  www.budapest.diplo.de
- **Österreichische Botschaft**
  VI. | Benczúr u. 16 | Pest
  Tel. 479-7010
  www.austrian-embassy.hu
- **Schweizer Botschaft**
  XIV. | Stefánia u. 107 | Pest
  Tel. 460-7040
  www.eda.admin.ch/budapest

Einreise
Für Touristen aus Deutschland, Österreich und der Schweiz genügt der Personalausweis bzw. die Identitätskarte. Kinder müssen mit eigenem Kinderausweis reisen.

Feiertage
- 1. Januar – Neujahr
- 15. März – Tag der Revolution von 1848 (Nationalfeiertag)
- Ostermontag
- 1. Mai – Tag der Arbeit
- Pfingstmontag
- 20. August – Tag des Heiligen Stephan (Nationalfeiertag)
- 23. Oktober – Tag des Volksaufstandes von 1956 (Nationalfeiertag)
- 1. November – Allerheiligen
- 25. und 26. Dezember – Weihnachten

Geld und Währung
Die ungarische Währung ist der Forint (HUF). Es gibt Münzen im Wert von 5, 10, 20, 50, 100 und 200 Forint. Scheine kursieren im Wert von 500, 1000, 2000, 5000, 10 000 und 20 000 Forint. Die 1- und 2-Forint-Münzen wurden 2008 aus dem Verkehr gezogen; beim Bezahlen rundet man auf oder ab. Wechselkurs (Stand Juli 2013): 1 € = 294 Ft, 1 CHF = 239 Ft; 100 Ft = 0,33 € bzw. 0,41 CHF (aktuelle Tageskurse unter www.oanda.com, Link »Currency Converter«).

Gottesdienste auf Deutsch
- **Evangelische Gemeinde:**
  So, Fei 10 Uhr in der Kapelle | I.
  Táncsics M. u. 28 (Burgviertel)
- **Katholische Gemeinde:**
  Heilige Messe, So, Fei 10.15 Uhr in der Kirche Szent Ferenc Sebei | I.
  Fő u. 43/Nähe Batthyány tér | Buda

Haustiere
Hunde und Katzen benötigen einen EU-Heimtierpass, den der Tierarzt ausstellt (Genauere Infos unter www.bundestieraerztekammer.de). Zur Identifikation müssen Tiere einen Mikrochip tragen.

Information
Budapestinfo Pont
- Non-Stop-Hotline: Tel. 438-8080
- V. | Deák tér/Sütő u. 2 | Pest tgl. 8–20 Uhr
- VI. | Liszt Ferenc tér 9–11 | Pest, tgl. 10–18 Uhr
- XVIII. | Liszt Ferenc-Flughafen Terminal 2A: tgl. 8–23 Uhr; Terminal 2B: tgl. 10–20 Uhr
- im Internet: www.budapestinfo.hu

Internet
Fast alle Hotels stellen ihren Gästen mittlerweile einen Internetanschluss bzw. WiFi zur Verfügung. Aber auch Internetcafés findet man in Budapest fast überall:
- **Vist@NetCafe**
  XIII. | Váci út 6 | beim Westbahnhof
  Tel. 320-4332
  Rund um die Uhr geöffnet.
- **Internet Café**
  V. | Kecskeméti u. 5 | Tel. 382-0292
  10–22 Uhr
- **Netcaffe**
  VII. | Kertész u. 41 | Tel. 268-0023
  9–2 Uhr
- Viele Einkaufszentren, Restaurants und Cafés werben mit Gratis-WiFi.

Kartenvorverkauf
Központi Jegyiroda
Ausführliche Programminformationen sowie zentrale Vorverkaufsstelle für alle Konzerte und Theateraufführungen in der Stadt.
- VI. | Paulay Ede u. 31
- Tel. 322-0000
- Mo–Fr 9–18 Uhr

Vor der Budapester Markthalle

Mietwagen
Die Mietwagenpreise waren in Ungarn bisland horrend; nun ist durch preiswerte Internetanbieter Bewegung in den Markt gekommen. Man sollte beim Preisvergleich auf versteckte Kosten wie Kilometerpauschalen, Rückgabegebühr, Versicherung etc. achten.
- **Sixt rent a car**
  Budapest City Center | XIII.
  Váci u. 141 | Tel. 451-4220
  www.sixt.com

Urlaubskasse	
Tasse Espresso	2 €
Softdrink	3 €
Glas Bier	2,50 €
Kolbász (heiße Schweinswurst)	3 €
Kugel Eis	1,50 €
Taxifahrt (10 km)	15 €
Mietwagen/Tag	60 €

INFOS VON A–Z

- **Fox-Autorent**
  VII. | Corinthia Hotel
  Hársfa u. 53–55 | Tel. 382-9000
  www.fox-autorent.com
- **Hertz**
  V. | Apáczai János u. 4
  Tel. 30-337-4456 | www.hertz.com
- **Europcar**
  Erzsébet tér 7–8 | Tel. 505-4400
  www.europcar.de
- Am Flughafen haben alle führenden Autoverleiher Niederlassungen; auch Hotels vermitteln Mietwagen.

Notruf (gebührenfrei)
- **Notrufzentrale**: Tel. 112
- **Polizei** (Rendőrség): Tel. 107
- **Feuerwehr** (Tűzoltóság): Tel. 105
- **Rettungsdienst** (Mentők): Tel. 104

Öffnungszeiten
In Ungarn gibt es keine gesetzlich geregelten Ladenschlusszeiten. Die kleinen Geschäfte und Kaufhäuser in der Innenstadt haben Mo–Fr 10–18 und Sa 9–12 Uhr geöffnet. In fast allen Stadtteilen gibt es Lebensmittelläden, in de-

GUT ZU WISSEN

- **Spartipp:** Die **Budapest Card** für 1, 2 oder 3 Tage bietet viele Vorteile: unbegrenzte Nutzung aller öffentlichen Verkehrsmittel, kostenloser oder vergünstigter Eintritt in Museen und Sehenswürdigkeiten, Rabatte bei Veranstaltungen und in Restaurants, Geschäften, Heilbädern. Erhältlich ist sie in den Budapestinfo Ponts bzw. online (www.budapestcitycard.com).
- **Rechnung:** 1- und 2-Forint-Münzen gibt es seit 2008 nicht mehr, aber es wird natürlich noch auf den Forint genau gerechnet. Alle Kassen weisen auf dem Rechnungsblock die exakte Forint-Summe aus. Kurios, aber offizielle Vorschrift: Die Endsumme wird auf- bzw. abgerundet. Bei einem Rechnungsbetrag von 72 Forint bezahlt man tatsächlich nur 70, bei einem Betrag von 73 Forint aber 75.
- **Geldwechsel:** Am günstigsten wechselt man bei Wechselstuben – Infos über beste Tageskurse: www.valutacentrum.hu. Bei den Banken gibt es fast immer auch Geldumtausch- oder EC-Geldautomaten. Den ungünstigsten Wechselkurs erhält man an Grenzübergängen, am Flughafen sowie in Hotels. Die gängigen Kreditkarten werden in der Regel fast überall akzeptiert, aber häufig nicht in Museen, kleinen Supermärkten, am Bahnhof oder Busbahnhof.
- **Namen:** Nach seinem Namen befragt, nennt ein Ungar immer zuerst den Familiennamen, dann den Vornamen: »Molnár Tibor« heißt auf gut Deutsch also »Tibor Molnár«. Die Silbe »né« am Ende eines Namens kennzeichnen eine verheiratete Frau: Frau Molnár stellt sich dementsprechend als »Molnárné« oder auch »Molnár Tiborné« vor.
- **Rauchen:** Ungarn hat ein striktes Rauchverbot – in Restaurants, öffentlichen Gebäuden, Verkehrsmitteln usw., aber auch an Haltestellen, auf Spielplätzen, in der Nähe von Schulen. Vor Lokalen muss man zudem einen Sicherheitsabstand von 5 m zur Eingangstür halten, wenn man keine saftige Geldstrafe riskieren will. Seit Juli 2013 dürfen Tabakwaren nur noch in Trafiken mit staatlicher Konzession verkauft werden.

nen man rund um die Uhr einkaufen kann. Die großen Einkaufszentren machen auch am Sonntag nicht zu; manche der Supermarktgiganten stehen den Kunden jeden Tag rund um die Uhr zur Verfügung (nicht aber an nationalen Feiertagen!). Postämter haben bis auf zwei Ausnahmen (siehe »Post«) von Mo–Fr 8–18, Sa 8–13 Uhr geöffnet, Banken in der Regel Mo–Fr 9–16 Uhr, Wechselstuben länger. Die Museen sind bis auf wenige Ausnahmen montags geschlossen.

Post und Telefon

Die Briefkästen in Budapest sind rot. Zwei zentrale Postämter haben länger geöffnet:

- **Postamt 62**
  VI. | Teréz krt. 51 (am Westbahnhof)
  Mo–Fr 7–20, Sa 7–18 Uhr
- **Postamt 72**
  VIII. | Baross tér 11 (am Ostbahnhof)
  Mo–Fr 7–21, Sa 8–14 Uhr

Öffentliche Telefone akzeptieren Münzen und Telefonkarten (bei Postämtern und an Kiosken). Inlandsferngespräche beginnen immer mit 06, dann folgt die Ortskennzahl (für Budapest: 1) oder die der Handygesellschaft (20, 30 oder 70), zuletzt der Teilnehmer.

Mit dem Handy kommt man problemlos in eines der drei Mobilfunknetze (O2, T-Mobile, Vodafone). Vor der Abreise sollte man sich nach den Roaming-Tarifen erkundigen (www.teltarif.de).

Landesvorwahlen:
- Ungarn 00 36
- Deutschland 00 49
- Österreich 00 43
- Schweiz 00 41

Sicherheit

Ungarn ist ein sicheres Reiseland. Doch Achtung: Trickdiebe oder die Bettelmafia sind in der Nähe von touristischen Sehenswürdigkeiten, in öffentlichen Verkehrsmitteln und auf Märkten aktiv. Papiere, Geld oder Kreditkarten sollte man in gut verschließbaren Innentaschen tragen und am besten nur wenig Bargeld mitnehmen.

In Gaststätten verlangt man sicherheitshalber vorher die Speise- oder Getränkekarte mit Preisen. Taxis ruft man nach Möglichkeit telefonisch. Selbstverständlich tauscht man sein Geld nicht auf der Straße und hält sich vom Rotlichtmilieu (Banden) fern.

Aufpassen muss man als Besitzer neuer Luxuswagen. Autodiebstähle kommen leider immer wieder vor. Wertsachen sollte man nicht im Auto liegen lassen, auch nicht im Handschuhfach. Die Gebühr für einen bewachten Parkplatz macht sich bezahlt (Infos unter www.auswaertiges-amt.de).

Trinkgeld

In Hotels und Restaurants sind 10 % des Rechnungsbetrages üblich. Fremdenführer und Taxifahrer freuen sich über eine kleine Anerkennung. Dem Primas einer Musikkapelle gibt man einen größeren Schein, wenn man ihn gebeten hat, am eigenen Tisch zu spielen.

Zoll

Gegenstände des persönlichen Bedarfs können innerhalb der EU unbegrenzt zollfrei ein- und ausgeführt werden – Achtung bei der Einreise aus Drittländern! Über die Zoll-Freimengen pro Erwachsenem für Tabak und Alkohol informiert die Webseite www.vam.gov.hu. Für gefälschte Markenprodukte und Feuerwerkskörper gilt ein striktes Einfuhrverbot. Beim Kauf von Antiquitäten bzw. als Kulturgut definierten Objekten informiert man sich über die Ausfuhrbestimmungen im Geschäft oder bei den Zollbehörden: Vám és Pénzügyőrség, IX., Mester u. 7, Tel. 456-9500.

Register

Ady, Endre 49
Akademie der Wissenschaften 90
Alpár, Ignác 93, 108
Altes Rathaus 62
Altofen 117
Amphitheater 121
Andrássy út 96, 98
Antal Grassalkovich I. 129
Antiquariate 32, 86
Antiquitäten 31
Apothekenmuseum 62
Aquincum 125
Aquincum Museum 126
Architektur 46
Árpád-Brücke 121
Árpád, Großfürst 106
Ärztliche Versorgung 136
Astoria 22
Aufstand von 1956 134
Autofahrer-Tipps 18
Auto-Pannendienst 136

Bäderstadt 69
Bar Parisiana 114
Bartok, Béla 52, 101
Batthyány tér 73
Béla IV. 58, 119
Bibelmuseum 88
Botschaften 136
Brückenfest 91
Budaer Berge 131
Budapest Card 18, 131, 138
Burgberg 58
Burgpalast 58
Burgtheater 61
Burg Vajdahunyad 108
Burgviertel 58

Café Gerbeaud 77, 78
Café Mozart 79
Café Ruszwurm 67, 79

Calvin, Johannes 87
Centrál Kaffeehaus 79
Clark, Adam 91
Clark, William 91
Czigler, Győző 99, 109
Czóbel, Béla 14

Deák-Denkmal 90
Deák, Ferenc 90, 97
Deák tér 97
Diplomatische Vertretungen 136
Domitian, römischer Kaiser 124
Donaukorso 80
Dreifaltigkeitsplatz 62
Dvorzsák, Ede 109

Eiffel, Gustave 101
Einkaufszentrum 33
Eleöd, Ákos 130
Elisabeth-Aussichtsturm 132
Elisabethbrücke 82
Elisabeth, Kaiserin (»Sissi«) 129
Elisabethstadt 96, 111
Erkel, Ferenc 49, 99
Ernst, Lajos 100
Ernst-Museum 100
Esterházy-Sammlung 107
Esztergom 15
Ethnografisches Museum 92
Evangelisches Landesmuseum 97

Fahrradlandauer 20
Fahrradverleih 18
Feiertage 136
Felsenkirche 68
Ferenc II. Rákóczi 92
Feszl, Frigyes 76, 111
Fischerbastei 63

Folklore 51
Förster, Ludwig 111
Franziskanerkirche 84
Franz Joseph I. 62
Freiheitsbrücke 85
Freilichtbühne 120
Freilichtmuseum, Ethnografisches 15
Friedensdenkmal 68
Friedhöfe 134
Friedrich II. 108

Geld und Währung 136
Geldwechsel 138
Gellért-Bad 68, 70
Gellértberg 67
Gerbeaud 77
Getto 113
Gödöllő 129
Goldmuseum 103
Gottesdienste auf Deutsch 136
Gozsdu Udvár 114
Gresham-Palast 22, 90
Gundel, Károly 27, 111
Gundel (Restaurant) 29, 96, 111

Hadrian, römischer Kaiser 125
Hatvany, Lajos 66
Hauer, Konditorei 79
Haus des Terrors 102
Haustiere 137
Hauszmann, Alajos 92
Haydn, Joseph 49
Heilige Rechte 94
Heldengräber 134
Heldenplatz 103
Heldentempel 112
Herzl, Theodor 112
Hess, András 63
Hild, József 111
Hilton 63

Historisches Museum 60
Holdudvár 121
Holocaust 113
Hopp Ferenc
 Museum 103
Hunyadi, János 106

Imre-Varga-
 Sammlung 124
Innerstädtische Pfarr-
 kirche 82
Internet 137

Jancsó, Miklos 50
Japanischer Garten 121
Johannesberg 131
Juden in Budapest 112
Jüdischer Friedhof 135
Jüdisches Museum 113
Jugendstil 46, 70, 96

Kaffeehäuser 79
Kalmán Emmerich 51
Kálvin tér 85, 87
Karl III. 58
Katona, József 49
Kauser, József 94
Kettenbrücke 90
Kindereisenbahn 19, 131
Király-Bad 70, 73
Klauzál tér 115
Kleines U-Bahn-
 Museum 98
Klothildenpaläste 84
Kodaly körönd 103
Kodály, Zoltán 52, 101
KogArt Ház 103
Konrád, György 50
Kossuth, Lajos 92, 106
Kossuth Lajos tér 92
Kossuth Radio 86
Kovács, Margit 14
Kriegshistorisches
 Museum 66
Krönungsinsignien 93
Krönungsmantel 86
Kugler, Henrik 77

Kunstgewerbe-
 museum 89
Kunsthalle 107
Künstlerklub 115

Labyrinth 20, 67
Lajos, Ernst 100
Lajos-Kassák-Gedächtnis-
 museum 122
Lajta, Béla 47, 135
Landwirtschafts-
 museum 108
Lapidarium 86, 126
Lechner, Ödön 47, 83, 89,
 93, 98, 100, 108
Leopold I. 107
Leopoldstadt 89
Liszt Ferenc Museum 103
Liszt, Franz 49, 62, 99,
 101
Literatur 49
Lotz, Károly 92, 99
Lukács-Bad 69
Luther, Martin 98

Mammut, Einkaufs-
 zentrum 71
Margareteninsel 118
Markthalle 33, 85, 94,
 115
Matthias Corvinus 46,
 107
Matthiaskeller 82
Matthiaskirche 62
Memento Park 130
Meészáros, Marta 50
Mietwagen 137
Militärstadt 124
Millenáris Park 72
Millenniumsdenkmal 106
Moszkva tér 68
Museum für Bildende
 Künste 106
Museum für Heeresge-
 schichte 66
Musikakademie 101
Múzeum körút 86

Nagy, Imre 42, 134
Nagytétény Schloss-
 museum 89
Nationalgalerie 59
Nationalmuseum 86, 126
Neues Theater 114
Notruf 138

Óbuda 117
Öffnungszeiten 138
Oper 51
Operette 51

Palais Drechsler 100
Palais New York 115
Palast der Wunder 19
Palatinus-Strandbad 121
Pál-völgyi-Tropfstein-
 höhle 13
Pannonia Inferior 125
Pariser Warenhaus 101
Parlament 92
Pártos, Gyula 89
Party-Insel 127
Péterffy Palais 82
Petőfi, Sándor 82
Petőfi tér 82
Pollack, Mihály 86
Post 139
Postsparkasse 93
Prämonstratenser-
 kloster 120

Ráday utca 87
Rákoskeresztúr 134
Redoute 76
Reformierte Kirche 87
Reisezeit 16
Ringstraße 102
Roosevelt tér 90
Rosengarten 119
Róth, Miksa 87
Rudas-Bad 69
Ruinengarten 125

Sándor Palais 61
Saxlehner Palais 99

141

REGISTER

Schickedanz Albert 106, 107
Schiffsverkehr 15
Schloss Gödöllő 129
Schlossmuseum Nagytétény 89
Schloss Zichy 121
Schmidl-Mausoleum 135
Schulek, Frigyes 62
Schwarze Madonna 62
Sebestyén, Márta 51
Septimius Severus, römischer Kaiser 125
Sessellift 132
Sicherheit 139
Sikló 60
Silberne Trauerweide 113
Sissi 62, 82
Springbrunnen 119
Staatsoper 51, 99
Städtischer Friedhof 134
Stadtwäldchen 96, 107
Stalins Stiefel 130
Statuen-Park 130
Steindl, Imre 93
Stephan I. 86, 94
St.-Gellért-Denkmal 67
St.-Michaels-Kirche 120
St.-Stephans-Basilika 94

Stüler, Friedrich August 90
Synagoge, Große 111
Szabadság tér (Freiheitsplatz) 93
Széchenyi-Bad 70, 109
Széchenyi-Berg 131
Széchényi, Ferenc 59, 86
Széchenyi, István 90
Széchényi-Nationalbibliothek 60
Szemlő-hegyi-Höhle 13
Széna tér 71
Szentendre 14
Sziget Festival 51, 53, 127

Táncsics, Mihály 66
Tänzer-Haus 91
Tanzhaus 52
Taxi 18
Telefon 139
Trinkgeld 139
Tropicarium-Oceanarium 20

Váci utca 83
Vajdahunyad 108
Varga, Imre 113

Városliget 96
Városmajor Park 72
Vasarely-Museum 122
Verkehrsmuseum 19, 109
Vidám Park 111
Villa Herkules 126
Visegrád 15
Volkskunstsammlung Zsigmont Kún 122
Volksmusik 52
Vörösmarty, Mihály 76
Vörösmarty tér 76

Wagner, Otto 113
Weine, ungarische 30
Wellness 69
Westbahnhof 101
Wiener Tor 66

Ybl, Miklós 90, 98, 99

Zahnradbahn 131
Zala, György 106
Zappa Caffe 87
Zichy-Schloss 121
Zirkus 110
Zitadelle 67
Zoll 139
Zoo 20, 110

Bildnachweis

Coverfoto Fischerbastei © 4 Corners Images/SIME/Maurizio Rellini
Fotos Umschlagrückseite © Bildagentur Huber/R. Schmid (links); laif/Berthold Steinhilber (Mitte), laif/Hahn (rechts)

Alamy/ADPhoto: 48; Alamy/Pat Behnke: 52; Alamy/Oliver Benn: 126; Alamy/Paul Shawcross: 71; Alamy/Travel Pictures: 102; Alamy/travelpixs: 117; APA Publications/Mark Read: 85, 92; Arteria Photography: 49, 73; Bildagentur Huber/R. Schmid: U2-1, 6, 32, 36, 43, 53, 54, 74, 83, 99; Bildagentur Huber/G. Simeone: 54; Fotolia/Farkas B: 108; Fotolia/snappy: U2-4; Fotolia/sunjet: 91; Four Seasons: 23; Ralf Freyer: 19, 57, 60, 63, 78, 84; Gettyimages/Rebel Media: 116; Hilton Budapest: 24; Jahreszeitenverlag/GourmetPictureGuide: 28, 79; Jupiterimages/Hollweck: 96; János Kálmar: 75, 88, 110, 114; laif/Barth: 87, 95; laif/Hahn: 34, 51, 56, 100, 107, 122; laif/Hemis: 45; laif/Gernot Huber: 69; laif/Martin Kirchner: 59; laif/Berthold Steinhilber: 113; LOOK-foto/age fotostock: 128; LOOK-foto/Holger Leue: 1; LOOK-foto/Ingolf Pompe: 41, 118; mauritius images/Alamy/Maria Grazia Casella: 129; mauritius images/ib/Hollweck: U2-2; Stephan Morgenstern: 93, 135; Pixelio/Bildpixel: 137; Pixelio/Norbert Steinhaus: U2-4; Marton Radkai: 26, 46, 47, 77, 124, 131; shutterstock/Chad Bontrager: 12; shutterstock/Botond Horvath: 133; shutterstock/Mazzzur: 11; shutterstock/Vladimir Mucibabic: 66; Sziget/Glodi Balacs: 127.

Impressum

Herausgeber: TRAVEL HOUSE MEDIA GmbH, München
Verlagsleitung: Michaela Lienemann
Redaktionsleitung: Grit Müller
Autorin: Foolke Mólnar
Redaktion: Michael Schaeffer, Anja Lehner
Bildredaktion: Ulrich Reißer und Michael Schaeffer
Visuelle Neukonzeption und Layout: Gramisci Editorialdesign, München,
und Ute Weber, Geretsried
Titeldesign-Konzept: Gramisci Editorialdesign, München, und Ute Weber, Geretsried
Karten und Pläne: Gecko-Publishing GmbH, Bad Endorf
Satz: Tim Schulz, Mainz
Druck: Stürtz Mediendienstleistungen, Würzburg

© 2013 TRAVEL HOUSE MEDIA GmbH, München
Polyglott ist eine eingetragene Marke der GANSKE VERLAGSGRUPPE.
Dieses Buch wurde auf chlorfrei gebleichtem Papier gedruckt.
ISBN 978-3-8464-9858-3

www.polyglott.de

Liebe Leserin, lieber Leser,

wir freuen uns, dass Sie sich für diesen Polyglott on tour entschieden haben.
Unsere Autorinnen und Autoren sind für Sie unterwegs und recherchieren sehr gründlich, damit Sie mit aktuellen und zuverlässigen Informationen auf Reisen gehen können.
Dennoch lassen sich Fehler nie ganz ausschließen. Wir bitten Sie um Verständnis, dass der Verlag dafür keine Haftung übernehmen kann.

Ihre Meinung ist uns sehr wichtig. Bitte schreiben Sie uns:
TRAVEL HOUSE MEDIA GmbH, Redaktion Polyglott, Grillparzerstraße 12, 81675 München, redaktion@polyglott.de

Langenscheidt Mini-Dolmetscher Ungarisch

Allgemeines

Guten Morgen.	Jó reggelt kívánok. [joh räg·gält kihwahnok]
Guten Tag.	Jó napot kívánok. [joh napot kihwahnok]
Guten Abend.	Jó estét kívánok. [joh äschteht kihwahnok]
Hallo!	Helló! [häl·lo]
Wie geht es Ihnen / dir?	Hogy van / vagy? [hodj wan / wadj]
Danke, gut.	Köszönöm jól. [kößönöm johl]
Ich heiße ...	... vagyok. [wadjok]
Auf Wiedersehen!	Viszontlátásra! [wißontlahtahschra]
Morgen	reggel [räg·gäl]
Nachmittag	délután [dehlutahn]
Abend	este [äschtä]
Nacht	éjszaka [ehjßaka]
morgen	holnap [holnap]
heute	ma [ma]
gestern	tegnap [tägnap]
Spricht hier jemand Deutsch / Englisch?	Beszél valaki németül / angolul? [bäßehl walaki nehmätül / angolul]
Wie bitte?	Tessék? [täsch·schehk]
Ich verstehe nicht.	Nem értem. [näm ehrt·täm]
Sagen Sie es bitte nochmals.	Legyen szíves, mondja el még egyszer. [lädjän ßihwäsch, mondja äl mehg ätjßär]
..., bitte.	..., tessék. [täsch·schehk]
danke	köszönöm [kößönöm]
Gern geschehen.	Szívesen. [ßihwäschän]
was / wer / welcher	mi / ki / melyik [mi / ki / mäjik]
wo / wohin	hol / hova [hol / howa]
wie / wie viel	hogyan / hány [hodjan / hahnj]
wann / wie lange	mikor / meddig [mikor / mäd·dig]
Wie heißt das auf ungarisch?	Hogy mondják magyarul? [hodj mondjahk madjarul]
Wo ist ...?	Hol van ...? [hol wan]
Können Sie mir helfen?	Segítene? [schägihtänä]
ja	igen [igän]
nein	nem [näm]
Entschuldigen Sie.	Elnézést kérek. [älnehsehscht kehräk]

Shopping

Wo gibt es ...?	Hol lehet ...-t kapni? [hol lähät ...-t kapni]
Wie viel kostet das?	Mennyibe kerül? [män·njibä kärül]
Wo ist hier eine Bank?	Hol van a közelben bank? [hol wan a kösälbän bank]
Wo kann ich Geld wechseln?	Hol tudok pénzt váltani? [hol tudok pehnst wahltani]
Geben Sie mir 100 g ... / ein Kilo ...	Tíz deka ... / egy kiló ... -t kérek. [tihs däka ... / ädj kiloh ...-t kehräk]
Ich hätte gern eine deutsche Zeitung.	Kérek egy német újságot. [kehräk ädj nehmät uhjschahgot]
Wo kann ich telefonieren?	Honnan telefonálhatnék? [hon·nan täläfonahlhatnehk]
Wo kann ich eine Telefonkarte kaufen?	Hol lehet telefonkártyát kapni? [hol lähät täläfonkahrtjaht kapni]

Essen und Trinken

Die Speisekarte, bitte.	Az étlapot kérem. [as ehtlapot kehräm]
Brot	kenyér [känjehr]
Kaffee	kávé [kahweh]
Tee	tea [täja]
Orangensaft	narancslé [narantschleh]
Suppe	leves [läwäsch]
Fisch	hal [hal]
Fleisch	hús [huhsch]
Geflügel	szárnyasok [ßahrnjaschok]
Beilage	köretek [köräták]
Gemüse	zöldség [söltschehg]
Mehlspeisen	tészták [tehßtahk]
vegetarische Gerichte	vegetáriánus ételek [wägätahriahnusch ehtäläk]
Eier	tojás [tojahsch]
Salat	saláta [schalahta]
Dessert	desszert [däß·ßärt]
Obst	gyümölcs [djümöltsch]
Eis	fagylalt [fadjlalt]
Wein	bor [bor]
weiß / rot	fehér / vörös [fähehr / wörösch]
Bier	sör [schör]
Wasser	víz [wihs]
Mineralwasser	szénsavas [ßehnschawasch]
Limonade	limonádé [limonahdeh]